Liebe, Leben und Arbeit

Elbert Green Hubbard (1856-1915) war ein amerikanischer Schriftsteller, Verleger, Künstler und Philosoph und ein einflussreicher Vertreter der Arts-and-Crafts-Bewegung. Hubbard gründete Roycroft, eine Gemeinschaft der Arts-and-Crafts-Bewegung in East Aurora, New York. Diese produzierte schöne, wenn auch manchmal exzentrische Bücher, die auf handgeschöpftem Papier gedruckt wurden. Hubbard redigierte und veröffentlichte außerdem zwei Zeitschriften, The Philistine und The Fra. Er wurde ein beliebter Vortragsredner mit einer lebensnahen Philosophie. Zu seinen Werken gehören: *Liebe, Leben und Arbeit* und *Gesundheit und Reichtum*.

Über das Buch:

Ein Buch mit vernünftigen und gutmütigen Meinungen darüber, wie man das höchste Glück für sich selbst mit dem geringstmöglichen Schaden für andere erreichen kann.

Schlagwörter: Biographie und Autobiographie, Körper, Geist und Seele, Parapsychologie, Allgemein

LIEBE, LEBEN UND ARBEIT

Wie man das höchste Glück für sich erreichen kann

Von

ELBERT HUBBARD

Neuübersetzung 2022

Toppbook Wissen Bd. 43

Bibliografische Information der Deutschen Nationalbibliothek:
Die Deutsche Nationalbibliothek verzeichnet diese Publikation in der
Deutschen Nationalbibliografie; detaillierte bibliografische Daten
sind im Internet über dnb.dnb.de abrufbar

Neuübersetzung 2022
Alle Rechte vorbehalten

Herstellung und Verlag: BoD – Books on Demand, Norderstedt
ISBN: 978-3-7568-8630-2

Inhaltsverzeichnis

Ein Wunsch

Der höchste Wunsch meines Herzens ist nicht, gelehrt, reich, berühmt, mächtig oder "gut" zu sein, sondern einfach nur zu strahlen. Ich wünsche mir, Gesundheit, Fröhlichkeit, ruhigen Mut und guten Willen auszustrahlen. Ich möchte ohne Hass, Launen, Eifersucht, Neid und Angst leben. Ich möchte einfach, ehrlich, aufrichtig, natürlich, rein im Geist und rein im Körper sein, ungekünstelt - bereit zu sagen: "Ich weiß nicht", wenn es so ist, und allen Menschen absolut gleichwertig zu begegnen - jedem Hindernis und jeder Schwierigkeit unerschrocken und furchtlos zu begegnen.

Ich wünsche mir, dass auch andere ihr Leben in vollen Zügen und zu ihrem Besten leben können. Zu diesem Zweck bete ich, dass ich mich niemals einmische, eindränge, diktiere, Ratschläge gebe, die nicht erwünscht sind, oder helfe, wenn meine Dienste nicht benötigt werden. Wenn ich den Menschen helfen kann, so tue ich es, indem ich ihnen die Möglichkeit gebe, sich selbst zu helfen; und wenn ich sie erheben oder inspirieren kann, so möge es durch Beispiele, Schlussfolgerungen und Vorschläge geschehen und nicht durch Befehle und Diktate. Das heißt, ich möchte strahlend sein - Leben ausstrahlen.

Leben und Ausdruck

Durch die Ausübung seiner Fähigkeiten wächst der Geist, so wie ein Muskel durch ständigen Gebrauch stark wird. Ausdruck ist notwendig. Leben ist Ausdruck, und Unterdrückung ist Stagnation - Tod.

Dennoch kann es einen richtigen und einen falschen Ausdruck geben. Wenn ein Mensch seinem Leben freien Lauf lässt und nur der tierischen Seite seiner Natur erlaubt, sich auszudrücken, unterdrückt er sein Höchstes und Bestes, und die nicht genutzten Eigenschaften verkümmern und sterben ab.

Die Menschen werden durch ihre Sünden bestraft, nicht für sie. Sinnlichkeit, Völlerei und das Leben in Saus und Braus unterdrücken das Leben des Geistes, und die Seele blüht nicht auf; und das ist es, was es bedeutet, seine Seele zu verlieren. Durch alle Jahrhunderte hindurch haben denkende Menschen diese Wahrheiten zur Kenntnis genommen, und immer wieder finden wir Menschen, die mit Entsetzen dem Leben der Sinne abschwören und sich dem Leben des Geistes widmen. Diese Frage des Ausdrucks durch den Geist oder durch die Sinne - durch die Seele oder den Körper - ist der Dreh- und Angelpunkt aller Philosophie und die Inspiration aller Religion gewesen.

Jede Religion besteht aus zwei Elementen, die sich genauso wenig vermischen, wie Öl und Wasser sich vermischen. Eine Religion ist eine mechanische Mischung, keine chemische Verbindung von Moral und Dogma. Das Dogma ist die Wissenschaft des Unsichtbaren: die Lehre vom Unbekannten und Unwissbaren. Und um dieser Wissenschaft Plausibilität zu verleihen, haben ihre Verfechter ihr stets eine Moral angehängt. Die Moral kann völlig getrennt vom Dogma existieren und tut es auch, aber das Dogma ist immer ein Parasit auf der Moral, und die Aufgabe des Priesters ist es, die beiden zu verwechseln.

Aber Moral und Religion verseifen nie. Moral ist einfach die Frage, wie ihr eure Lebenskräfte zum Ausdruck bringt, wie ihr sie nutzt. Ihr habt so viel Energie; und was wollt ihr damit tun? Und aus der Menge der Menschen sind immer wieder Menschen hervorgetreten und haben euch gegen ein Entgelt Ratschläge gegeben. Ohne ihren vermeintlichen Einfluss auf das Unsichtbare würden wir ihre Interpretation dessen, was richtig und falsch ist, vielleicht nicht akzeptieren. Aber mit der Zusicherung, dass ihr Rat von der Gottheit unterstützt wird, gefolgt von dem Angebot einer Belohnung, wenn wir ihm glauben, und der Androhung schrecklicher Strafen, wenn wir es nicht tun, hat die selbsternannte Oberschicht die Menschen dahin getrieben, wohin sie wollte. Die Entwicklung der formellen Religionen ist kein komplexer Prozess, und die Tatsache, dass sie diese beiden unvermischbaren Dinge, Dogma und Moral, verkörpern, ist eine sehr schlichte und einfache Wahrheit, die leicht zu erkennen und von allen vernünftigen Menschen unbestritten ist. Und es sei gesagt, dass die Moral der meisten Religionen gut ist. Liebe, Wahrheit, Barmherzigkeit, Gerechtigkeit und Sanftmut werden in ihnen allen gelehrt. Aber wie bei einer Regel in der griechischen Grammatik gibt es auch hier viele Ausnahmen. Und so gibt es auch in der Moral der Religionen immer wieder Ausnahmefälle, in denen auf Anraten der höheren Klasse auf Liebe, Wahrheit, Barmherzigkeit, Sanftmut und Gerechtigkeit verzichtet wird, damit das Gute folgt. Gäbe es diese Ausnahmen nicht, gäbe es keine Kriege zwischen christlichen Nationen.

Die Frage, wie man sein Leben ausdrücken soll, wird sich wohl nie klären lassen, denn die Menschen sind unterschiedlich veranlagt und geneigt. Es gibt Menschen, die zu bestimmten Sünden des Fleisches nicht fähig sind, und andere, die durch zu viel Genuss ihre Neigung zur Sinnlichkeit verloren haben und zu Asketen werden. Doch alle Predigten haben nur ein Thema: Wie soll das Leben gestaltet werden? Zwischen Askese und Genuss schwanken Menschen und Völker.

Die Askese in unserer Zeit findet eine interessante Ausprägung bei den Trappisten, die auf einem fast unzugänglichen Berggipfel leben und sich fast jeder körperlichen Annehmlichkeit berauben, indem sie tagelang keine Nahrung zu sich nehmen, unbequeme Kleidung tragen und schwere Kälte erleiden; und sollte einer aus dieser Gemeinschaft das Gesicht einer Frau erblicken, würde er denken, er sei in unmittelbarer Gefahr, verdammt zu werden. Hier finden wir also den extremen Fall, dass Menschen die Fähigkeiten des Körpers unterdrücken, damit der Geist reichlich Zeit und Gelegenheit zur Übung findet.

Irgendwo zwischen dieser extremen Unterdrückung des Mönchs und der Freizügigkeit des Sensualisten liegt die Wahrheit. Aber wo genau, das ist die große Frage; und der Wunsch eines Menschen, der glaubt, die Norm entdeckt zu haben, alle anderen Menschen zu zwingen, dort

11

stehen zu bleiben, hat zu unsagbaren Kriegen und Unruhen geführt. Alle Gesetze drehen sich um diesen Punkt - was sollen die Menschen tun dürfen? Und so gibt es Gesetze zur Bestrafung von "umherziehenden Schauspielern", "Fiedelspielern", "Störern des öffentlichen Gewissens", "Personen, die mutwillig tanzen", "Gotteslästerern", und in England gab es im Jahr 1800 siebenunddreißig Vergehen, die gesetzlich mit dem Tod bestraft wurden. Welche Äußerung richtig ist und welche nicht, ist einfach eine Frage der Meinung. Eine der heute existierenden Konfessionen verbietet das Singen; Instrumentalmusik ist für einige ein Stein des Anstoßes, da sie den Geist durch den Gehörsinn zu unangemessenen Gedanken anregt - "durch das laszive Gefallen der Laute"; andere halten das Tanzen für verwerflich, während einige wenige die Musik der Pfeifenorgel zulassen, aber bei der Geige die Grenze ziehen; während wieder andere ein ganzes Orchester in ihrem Gottesdienst verwenden. Es gibt einige, die Bilder als Werkzeuge des Götzendienstes betrachten, während die Hook-and-Eye-Baptisten Knöpfe als unmoralisch ansehen.

Im Leben eines Menschen lassen sich oft seltsame Entwicklungen beobachten. Leo Tolstoi zum

Beispiel, ein großer und guter Mann, war einst ein Sensualist und ist nun zum Asketen geworden; eine Entwicklung, die im Leben der Heiligen üblich ist. Aber so ausgezeichnet dieser Mann auch ist, so gibt es doch einen schwerwiegenden Mangel in seinem Kosmos, der die Wahrheit, die er lehren will, bis zu einem gewissen Grad verdirbt: Er lässt das Element der Schönheit in seiner Formel aus. Er kümmert sich nicht um die Harmonie, wie sie in Farben, Formen und lieblichen Klängen zum Ausdruck kommt, und ist durchaus bereit, allen anderen diese Dinge zu verweigern, die ihrem Wohlbefinden dienen. In den meisten Seelen gibt es einen Hunger nach Schönheit, genauso wie es einen körperlichen Hunger gibt. Die Schönheit spricht zu ihrem Geist durch die Sinne; aber Tolstoi würde Ihr Haus bis an den Rand der Härte unfruchtbar machen. Ich verehre den Grafen Tolstoi zutiefst, aber ich erwähne ihn hier, um die große Gefahr aufzuzeigen, die darin liegt, dass wir uns von einem Menschen, selbst von einem der weisesten, vorschreiben lassen, was das Beste ist. Wir selbst sind die besseren Richter. Die meisten der schrecklichen Grausamkeiten, die den Menschen in der Vergangenheit zugefügt wurden, sind einfach aus einer Meinungsverschiedenheit entstanden, die durch einen Unterschied im Temperament hervorgerufen wurde. Die Frage ist heute noch genauso aktuell wie vor zweitausend Jahren - welcher Ausdruck ist der beste? Das heißt, was sollen wir tun, um gerettet zu werden? Und die konkrete Absurdität besteht darin, zu sagen, dass wir alle dasselbe tun müssen. Ob die Rasse jemals so weit wachsen wird, dass die Menschen bereit sind, die Frage des Lebensausdrucks dem Einzelnen zu überlassen, ist eine Frage; aber das Jahrtausend wird nicht kommen, solange die Menschen nicht aufhören, alle anderen Menschen zu zwingen, nach einem bestimmten Muster zu leben.

Die meisten Menschen sind bestrebt, das zu tun, was für sie selbst am besten und für andere am wenigsten schädlich ist. Der Durchschnittsmensch ist heute intelligent genug: Utopia ist nicht weit entfernt, wenn die selbsternannten Leute, die uns regieren und uns gegen Bezahlung lehren, nur bereit wären, anderen zu tun, was sie selbst tun wollen, d.h. sich um ihre eigenen Angelegenheiten zu kümmern und aufzuhören, Dinge zu begehren, die anderen gehören. Kriege zwischen den Völkern und Zwietracht unter den Menschen sind eine Folge des begehrlichen Geistes, etwas zu besitzen.

Ein wenig mehr Geduld, ein wenig mehr Nächstenliebe für alle, ein wenig mehr Liebe; weniger Verbeugung vor der Vergangenheit und stummes Ignorieren der angeblichen Autorität; ein mutiger Blick in die Zukunft, mehr Selbstvertrauen und mehr Vertrauen in unsere Mitmenschen, und die Rasse wird reif sein für einen großen Ausbruch von Leben und Licht.

Zeit und Zufall

Da das Thema etwas komplex ist, werde ich es Ihnen erklären müssen. Der erste Punkt ist, dass es gar nicht so große Unterschiede in der Intelligenz der Menschen gibt. Der große Mann ist nicht so groß, wie die Leute denken, und der dumme Mann ist nicht ganz so dumm, wie er scheint. Der Unterschied in unserer Einschätzung der Menschen liegt darin, dass der eine seine Waren ins Schaufenster stellen kann und der andere nicht weiß, dass er ein Schaufenster oder Waren hat.

"Die Seele weiß alle Dinge, und das Wissen ist nur ein Erinnern", sagt Emerson.

Dies scheint eine sehr weit gefasste Aussage zu sein; und doch bleibt die Tatsache bestehen, dass die große Mehrheit der Menschen tausendmal mehr weiß, als ihnen bewusst ist. Weit unten in den stillen Tiefen des Unterbewusstseins liegen Myriaden von Wahrheiten, von denen jede auf eine Zeit wartet, in der ihr Besitzer sie hervorrufen wird. Um diese gespeicherten Gedanken nutzen zu können, müssen Sie sie anderen gegenüber zum Ausdruck bringen; und um sie gut ausdrücken zu können, muss Ihre Seele in den Bereich des

Unterbewusstseins aufsteigen, in dem Sie diese Nettoergebnisse der Erfahrung gespeichert haben. Mit anderen Worten, Sie müssen "herauskommen" - aus sich selbst herauskommen, weg vom Selbstbewusstsein, in die Region des teilweisen Vergessens - weg von den Grenzen der Zeit und den Beschränkungen des Raums. Der große Maler vergisst alles in der Gegenwart seiner Leinwand; der Schriftsteller vergisst seine Umgebung; die Sängerin schwebt auf den Flügeln der Melodie davon (und trägt das Publikum mit sich); der Redner schüttet eine Stunde lang seine Seele aus, und es kommt ihm vor, als seien kaum fünf Minuten vergangen, so sehr ist er in sein erhabenes Thema versunken. Wenn du die Höhen der Erhabenheit erreichst und dein Höchstes und Bestes zum Ausdruck bringst, befindest du dich in einem teilweisen Trancezustand. Und alle Menschen, die in diesen Zustand eintreten, überraschen sich selbst durch die Menge des Wissens und das Ausmaß der Einsicht, die sie besitzen. Und einige, die etwas tiefer als andere in diesen Trancezustand eindringen und keine Kenntnis von der wunderbaren Speicherung der Wahrheit in den Zellen des Unterbewusstseins haben, kommen zu dem Schluss, dass ihre Intelligenz von einem Geist geleitet wird, der nicht der ihre ist. Wenn jemand zu diesem Schluss kommt, beginnt er an der Spitze zu verdorren, denn er verlässt sich auf die Toten und hört auf, die Quellen seines Unterbewusstseins zu nähren.

Der Verstand ist eine doppelte Angelegenheit - objektiv und subjektiv. Der objektive Verstand sieht alles, hört alles, begründet alles. Der subjektive Verstand speichert und gibt nur dann etwas ab, wenn der objektive Verstand schläft. Und da nur wenige Menschen jemals den Zustand der Versenkung, der Reflexion oder der Halbtrance kultivieren, in dem der objektive Verstand ruht, rufen sie nie wirklich die Vorräte ihres Unterbewusstseins ab. Sie sind sich ihrer selbst immer bewusst.

Ein Mann, der im Handel tätig ist, wo Männer ihresgleichen ausplündern, muss wach sein und aufmerksam verfolgen, was vor sich geht, oder während er träumt, wird sein Konkurrent sein Geburtsrecht an sich reißen. Und so sehen Sie, warum Dichter arm sind und Künstler oft betteln.

Und das Resümee dieser Predigt ist, dass alle Menschen gleich reich sind, nur einige durch das Schicksal in der Lage sind, ihre geistigen Legionen auf den Ebenen ihres Seins zu versammeln und zu zählen, während andere nie in der Lage sind, dies zu tun.

Aber was, denken Sie, ist notwendig, bevor ein Mensch in den vollen Besitz seiner unterbewussten Schätze kommen kann? Nun, ich werde es Ihnen sagen: Es ist weder Bequemlichkeit, noch Wohlstand, noch erwiderte Liebe, noch weltliche Sicherheit - nicht diese.

"Du singst gut", sagte der Meister ungeduldig zu seinem besten Schüler, "aber du wirst nie göttlich singen, bis du alles für die Liebe gegeben hast und dann vernachlässigt und zurückgewiesen, verachtet und geschlagen und zum Sterben zurückgelassen wurdest. Dann, wenn du nicht gerade stirbst, wirst du zurückkommen, und wenn die Welt deine Stimme hört, wird sie dich für einen Engel halten und dir zu Füßen fallen."

Und die Moral ist, dass man, solange man zufrieden ist und sich wohl fühlt, nur den objektiven Verstand benutzt und in der Welt der Sinne lebt. Aber lass die Liebe aus deinem Griff gerissen werden und fliehen wie ein Schatten, der nur als Erinnerung in einem quälenden Gefühl des Verlustes lebt; lass den Tod kommen und den Himmel über weniger Wert in der Welt schließen; oder dummes Missverständnis und erdrückende

Niederlage dich in den Staub zermahlen, dann kannst du dich erheben, Zeit und Raum und dich selbst vergessen und Zuflucht in Häusern nehmen, die nicht mit Händen gemacht sind; und eine gewisse traurige, süße Befriedigung in der Betrachtung von Schätzen finden, die dort aufbewahrt werden, wo Motte und Rost nicht verderben und wo Diebe nicht einbrechen und stehlen.

Und wenn du so in das Ewige blickst, vergisst du völlig die Gegenwart und gehst hinaus in das Land des Unterbewusstseins - das Land des Geistes, in dem noch die Götter der alten und unschuldigen Tage wohnen? Ist es den Preis wert?

Psychologie einer religiösen Erweckung

Männer, die Straßenfeste veranstalten, reisen über das Land und auf und ab.

Ein Straßenfest oder ein Karneval ist niemals ein spontaner Ausdruck des karnevalistischen Geistes der Bürgerinnen und Bürger. Diese Feste sind ein Geschäft, das sorgfältig geplant, gut beworben und mit viel Scharfsinn durchgeführt wird.

Die Organisatoren von Straßenfesten schicken vorab Agenten, die mit den örtlichen Händlern des Ortes Vereinbarungen treffen und die notwendigen Genehmigungen einholen.

Eine Woche wird für den Karneval reserviert, es wird viel Werbung gemacht, die Zeitungen, die den Willen vieler widerspiegeln, widmen Seiten den wunderbaren Dingen, die geschehen werden. Die Shows kommen an - die Händler, die Spieler, die Clowns, die Tänzer, die Mädchen in Strumpfhosen, die Sänger! Die Musikkapellen spielen - der Jahrmarkt ist eröffnet! Das Ziel des Jahrmarktes ist es, das Geschäft der Stadt anzukurbeln. Das Ziel der professionellen Manager des Jahrmarkts ist es, Geld für sich selbst zu verdienen, und das tun sie durch die Bürgschaft der

Kaufleute oder einen Prozentsatz auf Konzessionen oder beides.

Mir wurde gesagt, dass keine Stadt, deren Geschäft auf einer absolut sicheren Grundlage steht, jemals auf ein Straßenfest zurückgreift. Das Straßenfest kommt dann ins Spiel, wenn eine rivalisierende Stadt mehr als ihren Anteil am Handel zu bekommen scheint. Wenn das Geschäft von Skaneateles nach Waterloo abwandert, dann gibt Skaneateles einem Straßenfest nach.

Sanitäre Einrichtungen, Kanalisation, gute Wasserversorgung, Schulhäuser und gepflasterte Straßen sind nicht das Ergebnis von Konfettiregen, Hupkonzerten und der Aufhebung der Ausgangssperre.

Es ist ein Problem, ob der Handel durch den Jahrmarkt effektiv gefördert wird oder ob eine Stadt durch den Dienst des Toms auf eine solide finanzielle Basis gestellt wird. Ich überlasse die Frage den Studenten der politischen Ökonomie und gehe zu einer lokalen Gegebenheit über, die keine Theorie ist. Die religiösen Erweckungen, die in jüngster Zeit in verschiedenen Teilen des Landes stattgefunden haben, waren sehr sorgfältig geplante Geschäftspläne. Ein gewisser F. Wilbur Chapman und seine Truppe gut ausgebildeter

Mitarbeiter können als Typus für die Personen angesehen werden, die lokale religiöse Erregungen gegen Entgelt anheizen.

Religiöse Erweckungen werden ähnlich gehandhabt wie Straßenfeste. Wenn die Religion in Ihrer Stadt auf dem Tiefpunkt angelangt ist, können Sie Chapman, den Erwecker, anheuern, genauso wie Sie sich die Dienste von Farley, dem Streikbrecher, sichern können. Chapman und seine Helfer ziehen von Stadt zu Stadt und von Stadt zu Stadt und machen diese Erweckung zu einem Geschäft. Sie werden für ihre Dienste mit tausend Dollar pro Woche entlohnt, oder bis zu dem, was sie aus Sammlungen bekommen können. Manchmal arbeiten sie auf der Grundlage einer Bürgschaft, manchmal auf der Grundlage eines Prozentsatzes oder eines Erfolgshonorars, oder beides.

Städte, die die Hilfe von Herrn Chapman besonders benötigen, werden gebeten, Rundschreiben, Bedingungen und Zeugnisse anzufordern. Keine Seelen gerettet - keine Bezahlung.

Das grundlegende Element der Wiederbelebung ist die Hypnose. Es hat Generationen gedauert, bis das Konzept der Hypnose oder der Vernebelung des Intellekts sorgfältig ausgearbeitet war. Der Plan besteht zunächst darin, den Geist so weit zu deprimieren, dass der Betreffende nicht mehr in der Lage ist, selbständig zu denken. Traurige Musik, eine monotone Wehklagestimme, weinerliche Appelle an Gott, düsteres Seufzen, das Ganze vermischt mit frommen Ejakulationen, all das soll eine erschreckende Wirkung auf den Zuhörer haben. Ständig wird der Gedanke an Gottes Missfallen geweckt - die Vorstellung von Schuld, Tod und ewiger Pein. Wenn die Opfer dazu gebracht werden können, gelegentlich hysterisch zu lachen, lässt sich die Kontrolle besser erreichen. Für Ruhe, Gelassenheit oder vernünftige Überlegungen wird keine Chance eingeräumt. Wenn die Zeit reif zu sein scheint, wird ein allgemeines Versprechen der Freude gegeben und die Musik nimmt eine Adagio-Wendung. Die Stimme des Sprechers erzählt nun vom Triumph, es werden Vergebungsangebote gemacht, und dann das Versprechen des ewigen Lebens.

Die letzte Absicht ist, das Opfer auf die Beine zu bringen und es dazu zu bringen, nach vorne zu kommen und den Fetisch anzuerkennen. Sobald dies geschehen ist, findet sich der Bekehrte in angenehmer Gesellschaft wieder. Seine gesellschaftliche Stellung wird verbessert - die Leute schütteln ihm die Hand und erkundigen sich fürsorglich nach seinem Wohlergehen. Man appelliert an sein Wohlwollen - seine Stellung ist nun von Bedeutung. Außerdem wird ihm auf subtile Weise zu verstehen gegeben, dass er in einer anderen Welt verdammt sein wird, wenn er sich nicht dem Fetisch anschließt, und dass er auch hier finanziell und gesellschaftlich verdammt sein wird, wenn er sich nicht der Kirche anschließt. In jeder christlichen Gemeinschaft ist man bestrebt, den unabhängigen Denker zu boykottieren und sozial auszugrenzen. Der Fetisch liefert den Vorwand für die hypnotischen Prozesse. Ohne die Annahme eines persönlichen Gottes, der beschwichtigt werden kann, einer ewigen Verdammnis und der Behauptung, dass man das ewige Leben durch den Glauben an einen Mythos gewinnen kann, gibt es keinen vernünftigen Grund für die absurden hypnotischen Formeln.

Wir sind Erben der Vergangenheit, ihrer guten und schlechten Seiten, und wir alle haben einen Hauch von Aberglauben, wie einen syphilitischen Makel. Diese Tyrannei der Angst auszurotten und das Kriechen und Krabbeln aus unserer Natur zu vertreiben, scheint das einzig Wünschenswerte für hochmütige Gemüter zu sein. Aber der Erweckungsprediger, der die menschliche Natur kennt, wie alle Hochstapler, macht sich unsere abergläubischen Ängste zunutze und appelliert an unsere Habgier, indem er uns Absolution und ewiges Leben für eine Gegenleistung anbietet, um die Kosten zu decken. Solange man Ehren und Geld bekommt, gute Kleidung tragen kann und von der Arbeit befreit ist, weil man Aberglauben predigt, wird man ihn predigen. Die Hoffnung der Welt liegt darin, den frommen Bettlern, die versuchen, unseren Verstand in ihren Bann zu ziehen, die Versorgung vorzuenthalten.

Die Vorstellung von einem göttlichen Konkursgericht, bei dem man Vergebung erhält, wenn man zehn Cent auf den Dollar zahlt, mit der Garantie, ein geflügelter Bettler des Himmels zu werden, ist nicht sehr verlockend, außer für einen Mann, der viel Angst gehabt hat. Erweckungsbeauftragte ebnen den Erweckern den Weg, indem sie Einzelheiten mit den örtlichen orthodoxen Geistlichen vereinbaren. Universalisten, Unitarier, Christian Scientists und Befaymillites werden sorgfältig vermieden. Das Ziel ist es, die leeren Kirchenbänke der orthodoxen protestantischen Kirchen zu füllen - diese zahlen die Fracht, und dem Sieger gehört die Beute. Der Plan ist, die intellektuell ungebildeten Kinder und die neurotischen Erwachsenen in den Stall der

Orthodoxie zu treiben. In Chapmans erlesener Truppe deutsch-amerikanischer Talente ist das Mützen-und-Glocken-Element stark vertreten: Das Konfetti der Dummheit wird auf uns geworfen - wir weichen aus, lachen, hören zu, und niemand hat Zeit zum Nachdenken, Abwägen, Sichten oder Analysieren. Es gibt das Dröhnen der Rhetorik, das Krachen des Bekenntnisses, das eingestreute Rebellengeschrei des Triumphs, das Stöhnen der Verzweiflung, die Schreie des Sieges. Dann kommen Lieder von bezahlten Sängern, das Läuten der Orgel - aufstehen und singen, knien und beten, Bitten, Verurteilungen, Elend, Tränen, Drohungen, Verheißungen, Freude, Glück, Himmel, ewige Glückseligkeit, entscheide dich jetzt - keinen Augenblick darfst du verlieren, hoppla - du wirst lange in der Hölle sein!

Dieser ganze Wirbel ist ein sorgfältig vorbereiteter Plan, der von erfahrenen Betrügern ausgearbeitet wurde, um die Vernunft zu verwirren, den Intellekt zu verwirren und aus den Menschen sabbernde Verlierer zu machen.

Und wozu?

Ich sage es Ihnen - damit Doktor Chapman und seine Berufswurzler sich in billigen Ehren wälzen, von jeder nützlichen Arbeit befreit werden und sich am Lohn derer, die arbeiten, fett machen können. Zweitens, dass die orthodoxen Kirchen nicht zu Werkstätten und Schulhäusern avancieren, sondern für immer die Heimat eines Aberglaubens bleiben mögen. Man sollte meinen, dass das Versprechen, den Menschen von den Folgen seiner eigenen Missetaten zu befreien, den Mann mit Verstand angewidert von diesen religiösen Hüllenmenschen abwenden würde. Aber unter ihrem hypnotischen Bann scheint der Verstand vieler eine Besessenheit zu erleiden, und sie sind im Strudel törichter Gefühle gefangen, wie ein Krämer in den Händen eines Mesmeristen.

In Northfield, Massachusetts, gibt es ein College, an dem Männer in allen Phasen dieser erfreulichen Episkopographie unterrichtet und ausgebildet werden, so wie Männer an einem Tonsorial College ausgebildet werden.

Es gibt einen guten Kerl mit dem suggestiven Namen Sunday, der die religiöse Arbeit verrichtet. Sunday ist ein Wirbelwind auf der Höhe der Zeit. Er und Chapman und ihre Mitstreiter vermeiden in ihrer Kleidung absichtlich jede Spur von kirchlichem Charakter. Sie kleiden sich wie Schlagzeuger - eine sorgfältig zerknitterte Hose, zwei Uhrenketten und eine warme Weste. Ihr

Auftreten ist frei und locker, ihre Haltung vertraut. Die Art und Weise, wie sie den Allmächtigen ansprechen, verrät, dass ihre Ehrfurcht vor ihm aus der Annahme entspringt, dass er ihnen selbst sehr ähnlich ist.

Die Unempfindlichkeit der Erweckungsprediger, die kürzlich Versammlungen einberufen hatten, um für Fay Mills zu beten, zeigte sich in ihrem inbrünstigen Flehen zu Gott, er möge Mills so machen wie sie. Fay Mills erzählt von der besten Art, dieses Leben hier und jetzt zu nutzen. Er prophezeit nicht, was aus Ihnen wird, wenn Sie seinen Glauben nicht annehmen, und er verspricht auch nicht das ewige Leben als Belohnung dafür, dass Sie so denken, wie er es tut. Ihm ist klar, dass er nicht die Macht über das ewige Leben hat. Fay Mills ist mehr daran interessiert, eine Seele zu haben, die es wert ist, gerettet zu werden, als eine Seele zu retten, die es nicht ist. Chapman spricht von verlorenen Seelen wie von verlorenen Halsbandknöpfen unter einer Kommode, als ob Gott jemals etwas verlegt hätte oder als ob alle Seelen nicht Gottes Seelen wären und deshalb für immer in seiner Obhut.

Doktor Chapman will, dass alle Menschen gleich handeln und gleich glauben, ohne zu erkennen, dass Fortschritt das Ergebnis von

Individualität ist und dass ein Mensch, solange er denkt, ob er nun Recht hat oder nicht, Fortschritte macht. Er erkennt auch nicht, dass falsches Denken besser ist als gar kein Denken, und dass die einzige Verdammnis darin besteht, nicht mehr zu denken und die Schlussfolgerungen eines anderen zu akzeptieren. Endgültige Wahrheiten und endgültige Schlussfolgerungen sind für vernünftige Menschen in ihren gesunden Momenten völlig undenkbar, aber diese Erweckungsanhänger wollen die Wahrheit für alle Zeiten zusammenfassen und ihr bleiernes Siegel darauf setzen.

In Los Angeles gibt es einen Prediger namens McIntyre, eine Art krasser Bellarmine, der Galilei ins Exil trieb - ein Mann, der nie an seiner eigenen Unfehlbarkeit zweifelt, der wie ein Orakel redet und allen, die ihm widersprechen, unablässig den Untergang prophezeit.

Unnötig zu sagen, dass es McIntyre an Humor mangelt. Ich persönlich bevorzuge die McGregors, aber in Los Angeles sind die McIntyres sehr beliebt. Es war McIntyre, der eine Versammlung einberief, um für Fay Mills zu beten, und als er die Versammlung vorschlug, gab McIntyre ohne Umschweife bekannt, dass er Mills weder jemals getroffen noch eine Rede von ihm gehört, noch eines seiner Bücher gelesen hatte.

Chapman und McIntyre repräsentieren die modernen Typen des Pharisäertums - Spieler und Verfechter des Kirchentums -, und das sind die Männer, die den Aberglauben zu einem so langen Leben machen. Der Aberglaube ist die einzige Infamie - Voltaire hatte Recht. Vorzugeben, an etwas zu glauben, gegen das sich die Vernunft auflehnt, um den Verstand zu verdummen - das ist, wenn es ihn überhaupt gibt, die unverzeihliche Sünde. Diese Muftis predigen "das Blut Jesu", das Dogma, dass der Mensch ohne den Glauben an Wunder auf ewig verloren ist, dass das ewige Leben davon abhängt, dieses oder jenes zu bekennen. Selbstvertrauen, Selbstbeherrschung und Selbstachtung sind die drei Dinge, die einen Menschen zu einem Menschen machen.

Aber der Mensch hat sich diese Fähigkeit des Denkens erst vor kurzem angeeignet, so dass er sich noch nicht daran gewöhnt hat, sie zu handhaben. Das Werkzeug ist schwerfällig in seinen Händen. Er fürchtet sich davor - eine Eigenschaft, die ihn von den niederen Tieren unterscheidet - und überlässt sein göttliches Geburtsrecht einem Syndikat. Dieser Zusammenschluss, der sich Kirche nennt, erklärt sich bereit, sich seiner Zweifel und Ängste anzunehmen und das Denken für ihn zu übernehmen, und zur Unterstützung

31

wird ihm versichert, dass er nicht in der Lage ist, selbst zu denken, und dass es eine Sünde wäre, dies zu tun. Der Mensch in seinem jetzigen rohen Zustand verhält sich der Vernunft gegenüber in etwa so, wie ein Apachen-Indianer einer Kamera gegenüber - der Indianer denkt, wenn er sich fotografieren lässt, wird er in einem Monat verschrumpeln und verschwinden. Und Stanley erzählt, dass eine Uhr mit ihrem ständigen Ticken den tapfersten der Kongo-Häuptlinge in kalten Angstschweiß versetzte; als der Entdecker dies entdeckte, musste er nur sein Waterbury ziehen und drohen, die ganze Bande in Krokodile zu verwandeln, und schon wurden sie aktiv und taten, was er wollte. Stanley zeigte die wahre Qualität des Northfield-Revivals, indem er auf den Aberglauben seiner schwankenden und verängstigten Gefolgsleute setzte.

Das Erweckungstreffen ist eine Orgie der Seele, eine geistige Ausschweifung - ein Abgleiten aus der vernünftigen Kontrolle in die Erotik. Kein Mensch mit normaler Intelligenz kann es sich leisten, die Zügel der Vernunft auf den Hals der Emotionen zu werfen und ein Tam O'Shanter-Rennen zum Bedlam zu reiten. Diese Hysterie der unbeherrschten Gefühle ist die einzige Blasphemie, und wenn es einen persönlichen Gott

32

gäbe, wäre er sicher betrübt, wenn er sähe, dass wir eine so absurde Vorstellung von ihm haben, dass er sich einbildet, er wäre erfreut darüber, dass wir die göttliche Gabe der Vernunft in die Höllenkiste abschieben.

Die Erweckungsbewegung treibt die Spannung in die Höhe und macht dann keinen Gebrauch vom Strom - der Draht ist geerdet. Lassen Sie einen dieser Erweckungsprediger seine Predigten aufschreiben und in einem Buch abdrucken, und kein vernünftiger Mensch könnte sie ohne die Gefahr einer Lähmung lesen. Dem Buch würde die Synthese fehlen, es würde sich der Analyse entziehen, das Gehirn verwirren und den Willen lähmen. Es würde nicht genug Salz enthalten sein, um es zu retten. Es wäre das Supernaculum des Gewöhnlichen und würde den Autor als den Hobbit der Literatur, den Hobbit der Buchstaben ausweisen. Die Kirchen wollen Mitglieder werben, und die Lage ist so verzweifelt, dass sie bereit sind, sie um den Preis der Selbstachtung zu bekommen. Daher kommen Sonntag, Montag, Dienstag und Chapman und spielen Svengali zu unserem Trilby. Diese Herren wenden die Methoden und Tricks des Auktionators an - die Schmeicheleien des Buchmachers - die geschmeidigen, glatten Methoden des professionellen Spielers.

Zu dieser Truppe von christlichen Clowns gehört ein gewisser Chaeffer, der ein Spezialist für Kinder ist. Er veranstaltet Treffen nur für Jungen und Mädchen, bei denen er Streiche spielt, Grimassen schneidet, Geschichten erzählt und seine kleinen Zuhörer zum Lachen bringt, und nachdem er so Eingang in ihre Herzen gefunden hat, dreht er plötzlich den Hebel um und bringt sie zum Weinen. Er spricht zu diesen kleinen Unschuldigen über die Sünde, den Zorn Gottes, den Tod Christi und stellt sie vor die Wahl zwischen ewigem Leben und ewigem Tod. Für jemanden, der Kinder kennt und liebt, der die sanften Wege Fröbels studiert hat, ist diese Aufregung bösartig und eine konkrete Grausamkeit. Die geschwächte Lebenskraft folgt dicht auf die überreizten Nerven, und jedes Übermaß hat seine Strafe - das Pendel schwingt so weit in diese wie in jene Richtung.

Diese ehrwürdigen Herren brüllen unschuldigen kleinen Kindern ins Ohr, dass sie in Sünde geboren wurden und ihre Mütter sie in Sünde gezeugt haben; dass die Seelen aller Kinder über neun Jahren (warum neun?) verloren sind und der einzige Weg, wie sie auf den Himmel hoffen können, der Glaube an einen barbarischen Blutschwindel ist, den intelligente Menschen schon lange verworfen haben. Und das alles im Namen des sanften Christus, der kleine Kinder in seine Arme nahm und sagte: "Solchen gehört das Himmelreich."

Diese heidnische Behauptung, in Sünde geboren zu sein, ist eine Verunreinigung des kindlichen Geistes und verursacht unvorstellbares Elend, Unruhe und Herzschmerz. Vor ein paar Jahren beglückwünschten wir uns, dass der Teufel endlich tot sei und dass die Tränen des Mitleids die Feuer der Hölle gelöscht hätten, aber die Schlange des Aberglaubens wurde nur leicht gestreift, nicht getötet.

Die religiöse Erweckung verfolgt zwei Ziele: Erstens wird behauptet, dass die Bekehrung den Menschen ein besseres Leben ermöglicht, und zweitens, dass sie ihre Seelen vor dem ewigen Tod oder der ewigen Hölle rettet.

Die Menschen dazu zu bringen, ein schönes Leben zu führen, ist ausgezeichnet, aber weder Reverend Dr. Chapman noch einer seiner Kollegen noch die Konfessionen, die sie vertreten, werden auch nur einen Augenblick lang zugeben, dass die Tatsache, dass ein Mensch ein schönes

Leben führt, seine Seele retten wird Tatsächlich warnen Dr. Chapman, Dr. Torrey und Dr. Sunday, unterstützt von Reverend Dr. McIntyre, ihre Zuhörer wiederholt vor der Gefahr einer Moral, die nicht von einem Glauben an das "Blut Jesu" begleitet wird.

Das schöne Leben, von dem sie sprechen, ist also der Köder, mit dem die Gründlinge an den Haken gehen. Du musst den Aberglauben akzeptieren, sonst ist dein schönes Leben für sie ein Schimpfwort und ein Gezischel.

Daher ist für sie der Aberglaube und nicht das Verhalten das Entscheidende.

Wenn ein solcher Glaube kein Fanatismus ist, dann habe ich Webster's Unabridged Dictionary umsonst gelesen. Der Glaube an den Aberglauben macht keinen Menschen gütiger, sanfter, nützlicher für sich oder die Gesellschaft. Er kann alle Tugenden ohne den Fetisch haben, und er kann den Fetisch und alle Laster daneben haben. Die Moral wird in Wirklichkeit überhaupt nicht von der Religion kontrolliert - wenn man den Statistiken der Erziehungsanstalten und Gefängnisse glauben darf.

Fay Mills hat nach Ansicht von Reverend Dr. McIntyre alle Tugenden - er ist vergebend, freundlich, sanftmütig, bescheiden und hilfsbereit. Aber Fay hat den Fetisch aufgegeben - deshalb rufen McIntyre und Chapman die Öffentlichkeit auf, für Fay Mills zu beten. Mills hatte die Tugenden, als er an den Fetisch glaubte - und jetzt, da er den Fetisch verleugnet hat, hat er immer noch die Tugenden, und zwar in einem Maße, das er nie zuvor hatte. Selbst diejenigen, die ihn ablehnen, geben dies zu, aber sie erklären trotzdem, dass er für immer "verloren" ist.

Reverend Doctor Chaeffer sagt, dass es zwei Arten von Gewohnheiten gibt - gute und schlechte.

Es gibt auch zwei Arten von Religion, eine gute und eine schlechte. Die Religion der Freundlichkeit, der guten Laune, der Hilfsbereitschaft und des nützlichen Einsatzes ist gut. Das ist unumstritten und wird von allen intellektuellen Schichten anerkannt. Aber jede Form von Religion, die den Glauben an Wunder und anderen barbarischen Aberglauben als eine Notwendigkeit für die Erlösung beinhaltet, ist nicht nur schlecht, sondern sehr schlecht. Und alle Menschen wissen, wenn man sie lange genug in Ruhe nachdenken lässt, dass die Erlösung von der Befreiung vom Wunderglauben abhängt. Aber die Absicht von Doktor Chapman und seinen theologischen Reitern ist es, die Herde in die Enge zu treiben und sie in Bewegung zu setzen. Es ist dann recht einfach, die Außenseiter zu fesseln und ihnen das McIntyre-Brandzeichen aufzudrücken.

Was die Reaktion und die Aufräumarbeiten nach dem Karneval betrifft, so sind unsere Erweckungsmänner nicht besorgt. Das Konfetti, die geplatzten Luftballons und die Erdnussschalen sind der Reingewinn der Erweckung - und der wird den örtlichen Verantwortlichen überlassen.

Erweckungen sind für die Erwecker, und eines schönen Morgens werden diese Erweckungsstädte aufstehen, sich die verschlafenen Augen reiben, und Chapman wird nur ein schlechter Geschmack im Mund sein, und der Sonntag, Chaeffer, Torrey, Biederwolf und Co. ein unruhiger Traum. Zivilisierten Menschen Hagiologie zu predigen, ist ein Fehltritt, den Nemesis nicht übersehen wird. Amerika steht für das zwanzigste Jahrhundert, und wenn es in einem Moment der Schwäche in die überschwängliche Torheit der rasenden Frömmigkeit des sechzehnten Jahrhunderts zurückfällt, muss es die Strafe dafür zahlen. Zwei Dinge wird der Mensch tun müssen - sich von den Fesseln anderer Menschen befreien und zweitens sich von den Phantomen seines eigenen Geistes befreien. In keinem dieser Punkte ist der Erwecker eine Hilfe oder Unterstützung. Aufbrausen ist kein Charakter, und jede Ausschweifung muss mit Vitalität und Selbstachtung bezahlt werden.

Alle formell organisierten Religionen, durch die die Förderer und Verwalter erfolgreich sind, sind schlecht, aber einige sind schlimmer als andere. Je mehr Aberglaube eine Religion hat, desto schlimmer ist sie. In der Regel setzen sich Religionen aus Moral und Aberglauben zusammen. Reiner Aberglaube allein wäre abstoßend - in unserer Zeit würde er niemanden anziehen -, also wird die Idee eingeführt, dass Moral und Religion untrennbar sind. Ich bin gegen die Menschen, die vorgeben zu glauben, dass eine Ethik ohne Fetisch eitel und nutzlos ist.

Die Prediger, die die Schönheit der Wahrheit, der Ehrlichkeit und eines nützlichen, hilfreichen Lebens predigen, unterstütze ich mit Kopf, Herz und Hand.

Die Prediger, die erklären, dass es so etwas wie ein schönes Leben nicht geben kann, es sei denn, sie akzeptieren den Aberglauben, bin ich mit Zähnen, Klauen, Knüppeln, Zunge und Feder dagegen. Nieder mit der Infamie! Ich prophezeie einen Tag, an dem Geschäft und Bildung gleichbedeutend sein werden - an dem Handel und Hochschule sich die Hände reichen - an dem die Vorbereitung auf das Leben darin besteht, zur Arbeit zu gehen.

Solange der Handel ein Betrug, das Geschäft ein Tauschgeschäft, der Handel eine Finesse, die Regierung eine Ausbeutung, das Schlachten ehrenhaft und das Morden eine hohe Kunst war, solange die Religion ein ignoranter Aberglaube, die Frömmigkeit die Anbetung eines Fetischs und die Bildung ein Streben nach Ehre war, gab es wenig Hoffnung für die Rasse. Unter diesen Bedingungen tendierte alles zur Spaltung, zur Ausschweifung, zum Zerfall, zur Trennung - zur Finsternis, zum Tod.

Doch mit der Vorherrschaft der Wissenschaft, der Einführung des Einheitspreissystems in der Wirtschaft und der allmählich wachsenden Überzeugung, dass Ehrlichkeit das wertvollste Gut des Menschen ist, sehen wir Licht am Ende des Tunnels.

Jetzt bleibt nur noch, dass die Laien dem Klerus die Überzeugung eintrichtern und ihm beweisen, dass Heuchelei ihre Strafe hat, und dass sie jene Dreifaltigkeit von Straftätern, die etwas ironisch als die drei gelehrten Berufe bezeichnet werden, vor den Trauertisch bringen, und die Menschheit wird auf der breiten Landstraße sein, die hoch aufragenden Kuppeln der idealen Stadt in Sicht.

Ein-Mann-Macht

Jedes erfolgreiche Unternehmen ist das Ergebnis einer Ein-Mann-Macht. Kooperation ist technisch gesehen ein schillernder Traum - die Dinge kooperieren, weil der Mensch sie macht. Er zementiert sie durch seinen Willen.

Aber finde diesen Mann und gewinne sein Vertrauen, und seine müden Augen werden in die deinen schauen, und der Schrei seines Herzens wird in deinen Ohren widerhallen. "Oh, wenn mir doch jemand helfen würde, diese Last zu tragen!"

Dann wird er Ihnen von seiner endlosen Suche nach Ability erzählen und von seinen ständigen Enttäuschungen und Vereitelungen bei dem Versuch, jemanden dazu zu bringen, sich selbst zu helfen, indem er ihm hilft.

Die Fähigkeit ist das schreiende Bedürfnis der Stunde. Die Banken quellen über vor Geld, und überall suchen Menschen Arbeit. Die Ernte ist reif. Aber es mangelt an der Fähigkeit, die Arbeitslosen zu beschäftigen und das Kapital zu nutzen - ein trauriger Mangel. In jeder Stadt gibt es viele Stellen im Wert von fünf- und zehntausend Dollar pro Jahr, die zu besetzen sind, aber die einzigen Bewerber sind Männer, die für fünfzehn Dollar pro Woche arbeiten wollen. Ihr fähiger Mann hat bereits eine Stelle. Ja, Geschicklichkeit ist ein seltenes Gut.

Aber es gibt etwas, das viel seltener ist, etwas viel Feineres, etwas Selteneres als diese Qualität der Fähigkeit.

Es ist die Fähigkeit, die Fähigkeit zu erkennen.

Der strengste Kommentar, der jemals gegen die Arbeitgeber als Klasse gemacht werden kann, liegt in der Tatsache, dass es den fähigen Männern in der Regel gelingt, ihren Wert trotz ihres Arbeitgebers zu zeigen und nicht mit seiner Unterstützung und Ermutigung.

Wenn Sie das Leben der fähigen Männer kennen, wissen Sie, dass sie ihre Macht fast ausnahmslos durch einen Zufall oder einen Unfall entdeckt haben. Hätte sich der Unfall nicht ereignet, der die Gelegenheit bot, wäre der Mann unbekannt geblieben und für die Welt praktisch verloren. Die Erfahrung von Tom Potter, einem Telegrafenbeamten an einer kleinen, unbedeutenden Station, ist ein Bild der Wahrheit. In jener schrecklichen Nacht, als die meisten Drähte ausfielen und ein Personenzug die Brücke durchfuhr, bot sich Tom Potter die Gelegenheit, sich selbst zu entdecken. Er kümmerte sich um die

Toten, versorgte die Verwundeten, regelte fünfzig Schadensfälle, zog Wechsel auf die Gesellschaft, verbrannte die letzten Überreste des Wracks, versenkte das Alteisen im Fluss und reparierte die Brücke, bevor der Superintendent vor Ort eintraf.

"Wer hat Ihnen die Befugnis zu all dem gegeben?", fragte der Superintendent.

"Niemand", antwortete Tom, "ich habe die Autorität übernommen".

Im nächsten Monat betrug Tom Potters Gehalt fünftausend Dollar pro Jahr, und in drei Jahren verdiente er das Zehnfache, einfach weil er andere Männer dazu bringen konnte, Dinge zu tun.

Warum auf einen Unfall warten, um Tom Potter zu entdecken? Lasst uns Fallen für Tom Potter aufstellen und ihm auflauern. Vielleicht ist Tom Potter gleich um die Ecke, auf der anderen Straßenseite, im Nebenzimmer oder an unserem Ellbogen. Myriaden embryonaler Tom Potters warten darauf, entdeckt und entwickelt zu werden, wenn wir nur nach ihnen suchen.

Ich kenne einen Mann, der dreißig Jahre lang durch die Wälder und Felder streifte und nie einen indianischen Pfeil fand. Eines Tages dachte er an "Pfeil", und als er aus seiner Tür trat, hob er einen auf. Seitdem hat er einen ganzen Scheffel davon gesammelt.

Hören wir doch auf, über Inkompetenz, schläfrige Gleichgültigkeit und schlampige "Helfer" zu jammern, die auf die Uhr schauen. Diese Dinge gibt es - geben wir sie zu, und betonen wir, dass sommersprossige Bauernjungen aus dem Westen und Osten oft an die Front gehen und die Dinge meisterhaft erledigen. Es gibt einen Namen, der in der Geschichte wie ein Leuchtfeuer hervorsticht, nachdem all diese fünfundzwanzig Jahrhunderte vergangen sind, nur weil der Mann das erhabene Genie hatte, die Fähigkeit zu entdecken. Dieser Mann ist Perikles. Perikles schuf Athen.

Und heute wird der Staub der Straßen von Athen gesiebt und nach Relikten und Überresten der Dinge durchsucht, die von Menschen hergestellt wurden, die von Männern der Fähigkeit geleitet wurden, die von Perikles entdeckt wurden.

In diesem Bereich der Entdeckung von Fähigkeiten gibt es sehr wenig Wettbewerb. Wir setzen uns hin und jammern, weil die Fähigkeit nicht zu uns kommt. Lasst uns "Fähigkeit" denken, und vielleicht können wir Perikles dort auf seinen Sockel stoßen, wo er über ein paar Jahrhunderte gestanden hat - der Mann mit dem höchsten Genie für das Erkennen von Fähigkeit. Gegrüßt seist du, Perikles, und gegrüßt seist du, großer Unbekannter, der als erster diesen Hauptmann der Menschen erfolgreich nachahmen wird.

Mentale Einstellung

Der Erfolg liegt im Blut. Es gibt Männer, die das Schicksal nicht aufhalten kann - sie marschieren munter vorwärts und nehmen sich mit göttlichem Recht das Beste von allem, was die Erde zu bieten hat. Aber ihr Erfolg wird nicht durch die Samuel-Smiles-Connecticut-Politik erreicht. Sie legen sich nicht auf die Lauer, schmieden keine Pläne, sind nicht feige und versuchen nicht, ihre Segel nach der Brise der Volksgunst auszurichten. Dennoch sind sie stets wachsam und aufmerksam für alles Gute, das sich ihnen bietet, und wenn es kommt, machen sie es sich einfach zu eigen, ohne zu zögern, und ziehen stetig weiter.

Gute Gesundheit! Wann immer du aus dem Haus gehst, ziehe das Kinn ein, trage den Scheitel hoch und fülle die Lungen bis zum Äußersten; trinke den Sonnenschein; grüße deine Freunde mit einem Lächeln und lege Seele in jeden Händedruck.

Habt keine Angst, missverstanden zu werden, und verschwendet keinen Augenblick mit Gedanken an eure Feinde. Versucht, euch fest vor Augen zu halten, was ihr tun wollt, und dann werdet ihr euch ohne Richtungsstreitigkeiten direkt zum Ziel bewegen.

Die Furcht ist der Fels, an dem wir zerbrechen, und der Hass die Untiefe, auf der so manche Barke strandet. Wenn wir ängstlich werden, ist das Urteil so unzuverlässig wie der Kompass eines Schiffes, dessen Laderaum voller Eisenerz ist; wenn wir hassen, haben wir das Ruder losgelassen; und wenn wir jemals innehalten, um darüber nachzudenken, was die Klatschbasen sagen, haben wir zugelassen, dass eine Trosse die Schraube verstopft.

Behalten Sie Ihre Gedanken bei der großen und großartigen Sache, die Sie gerne tun würden, und dann werden Sie im Laufe der Tage feststellen, dass Sie unbewusst die Gelegenheiten ergreifen, die für die Erfüllung Ihres Wunsches erforderlich sind, so wie das Koralleninsekt aus der fließenden Flut die Elemente nimmt, die es braucht. Stellen Sie sich vor Ihrem geistigen Auge die fähige, ernsthafte, nützliche Person vor, die Sie zu sein wünschen, und der Gedanke, den Sie hegen, verwandelt Sie stündlich in diese besondere Person, die Sie so bewundern.

Der Gedanke steht über allem, und denken ist oft besser als tun.

Bewahren Sie sich eine richtige geistige Haltung - eine Haltung des Mutes, der Offenheit und des guten Mutes.

Darwin und Spencer haben uns gesagt, dass dies die Methode der Schöpfung ist. Jedes Tier hat die Teile entwickelt, die es brauchte und wollte. Das Pferd ist flink, weil es es sein will; der Vogel fliegt, weil er es will; die Ente hat einen Schwimmfuß, weil sie schwimmen will. Alle Dinge entstehen durch den Wunsch, und jedes aufrichtige Gebet wird erhört. Wir werden wie das, worauf unser Herz gerichtet ist.

Viele Menschen wissen das, aber sie wissen es nicht gründlich genug, damit es ihr Leben prägt. Wir wollen Freunde, also schmieden wir Pläne und jagen starken Leuten hinterher und lauern guten Leuten - oder vermeintlich guten Leuten - auf, in der Hoffnung, uns an sie binden zu können. Der einzige Weg, sich Freunde zu sichern, ist, einer zu sein. Und bevor man fit für Freundschaft ist, muss man in der Lage sein, ohne sie auszukommen. Das heißt, man muss genügend Selbstvertrauen haben, um für sich selbst sorgen zu können, und dann kann man aus dem Überschuss seiner Energie etwas für andere tun.

Der Mensch, der sich nach Freundschaft sehnt, aber noch mehr nach einem egozentrischen Geist, dem wird es nie an Freunden fehlen.

Wenn du Freunde haben willst, dann kultiviere die Einsamkeit statt der Gesellschaft. Trinken Sie das Ozon, baden Sie in der Sonne und sagen Sie sich in der stillen Nacht unter den Sternen immer wieder: "Ich bin ein Teil von allem, was meine Augen sehen!" Und dann wirst du spüren, dass du kein bloßer Eindringling zwischen Erde und Himmel bist, sondern ein notwendiger Teil des Ganzen. Dir kann kein Leid geschehen, das nicht allen widerfährt, und wenn du untergehst, dann nur inmitten eines Trümmerhaufens von Welten.

Wie der alte Hiob wird das, was wir fürchten, mit Sicherheit über uns kommen. Durch eine falsche geistige Einstellung haben wir eine Kette von Ereignissen in Gang gesetzt, die in einer Katastrophe endet. Menschen, die in der Mitte ihres Lebens an einer Krankheit sterben, sind fast ausnahmslos solche, die sich auf den Tod vorbereitet haben. Der akute tragische Zustand ist einfach das Ergebnis eines chronischen Geisteszustandes - der Höhepunkt einer Reihe von Ereignissen.

Der Charakter ist das Ergebnis von zwei Dingen: der geistigen Einstellung und der Art und Weise, wie wir unsere Zeit verbringen. Es ist das, was wir denken und was wir tun, das uns zu dem macht, was wir sind.

Indem ihr die Kräfte des Universums festhaltet, seid ihr stark mit ihnen. Und wenn ihr das erkennt, ist alles andere leicht, denn in euren Arterien werden rote Blutkörperchen fließen, und in eurem Herzen wird der entschlossene Entschluss geboren, zu tun und zu sein. Trage dein Kinn nach innen und die Krone deines Kopfes hoch. Wir sind Götter in der Puppe.

Der Außenseiter

Als ich noch ein Bauernjunge war, bemerkte ich, dass jedes Mal, wenn wir eine neue Kuh kauften und sie mit der Herde auf die Weide brachten, die übrigen Tiere dazu neigten, die neue Kuh glauben zu lassen, sie sei im orthodoxen Verderben gelandet. Sie hielten sie vom Salz fern, jagten sie vom Wasser weg, und die Langhornkühe ließen mehrere Wochen lang keine Gelegenheit aus, sie mit kräftigen Stößen und Stößen zu bearbeiten.

Mit den Pferden war es dasselbe. Und ich erinnere mich an eine bestimmte kleine schwarze Stute, die wir Jungen immer von einer Weide zur anderen brachten, nur um zu sehen, wie sie in eine Herde von Pferden zurückkehrte und zu hören, wie ihre Hufe ein schallendes Solo auf ihren Rippen spielten, während sie sich versammelten, um ihr Unheil anzurichten.

Der Mensch ist ein Tier, genauso wie Kühe, Pferde und Schweine, und er hat ähnliche Neigungen. Die Einführung eines neuen Mannes in einer Institution löst immer eine kleine Panik aus, besonders wenn es sich um eine Person von einiger Macht handelt. Sogar in Schulen und Hochschulen muss sich der neue Lehrer seinen

52

Weg erkämpfen, um den Widerstand zu überwinden, auf den er mit Sicherheit stoßen wird.

In einem Holzfällerlager tut der Neuankömmling gut daran, die Initiative zu ergreifen, wie die kleine schwarze Stute, und dem ersten schwarzen Blick mit einem kurzen Armstoß zu begegnen.

Aber in einer Bank, einem Kaufhaus oder einem Eisenbahnbüro kann das nicht sein. Das Nächstbeste ist also, auszuharren und durch eine Aufmerksamkeit für das Geschäft zu gewinnen, an die der Ort nicht gewöhnt ist. Auf jeden Fall wird die Position eines Mannes umso unbequemer, je größer er ist, es sei denn, er hat die absolute Macht, alles zu beherrschen, bis die Zeit allmählich den Weg ebnet und neue Themen für Kritik, Opposition und Unmut aufkommen, und er vergessen wird.

Die Idee der Reform des öffentlichen Dienstes - die Beförderung der guten Mitarbeiter, anstatt neue Mitarbeiter für die großen Posten einzustellen - ist eine Regel, die auf dem Papier gut aussieht, aber eine fatale Politik ist, wenn sie buchstabengetreu umgesetzt wird.

Ein Unternehmen, das nicht fortschrittlich ist, sät die Saat seiner eigenen Auflösung. Das Leben ist eine Bewegung nach vorn, und alle Dinge in der Natur, die sich nicht zu etwas Besserem entwickeln, bereiten sich darauf vor, in ihre Bestandteile zurückzukehren. Eine allgemeine Regel für den Fortschritt in großen Wirtschaftsunternehmen ist die Einführung von neuem Blut. Sie müssen mit der Geschäftswelt Schritt halten. Wenn Sie hinterherhinken, werden die Gesetzlosen, die an den Flanken des Handels hängen, Sie ausstechen und gefangen nehmen, so wie die Wölfe auf die kranke Kuh in der Prärie lauern.

Um Ihre Kolonnen auf Trab zu halten, müssen Sie neue Methoden und Inspirationen einführen und das Beste, was andere erfunden oder entdeckt haben, aufgreifen.

Die großen Eisenbahnen Amerikas haben sich gemeinsam entwickelt. Keine von ihnen hat ein Gerät oder eine Methode, die den anderen weit voraus ist. Ohne diesen Austausch von Menschen und Ideen würden einige Eisenbahnen noch immer mit Glied und Stift arbeiten, und Schlangenköpfe wären so verbreitet wie im Jahr 1869.

Ein Eisenbahnmanager, der sein Geschäft versteht, ist immer auf der Suche nach herausragenden Leistungen seiner Leute und befördert diejenigen, die einen ungeteilten Dienst leisten. Außerdem stellt er gelegentlich einen starken

Mann von außen ein und befördert ihn vor allen anderen. Dann kommen die Hämmer zum Einsatz!

Aber das macht für Ihren kompetenten Manager nur wenig Unterschied - wenn eine Stelle zu besetzen ist und er niemanden auf seiner Gehaltsliste hat, der groß genug ist, um sie zu besetzen, stellt er einen Außenseiter ein.

Das ist gut und richtig für alle Beteiligten. Das neue Leben so mancher Firma beginnt mit dem Tag, an dem sie einen neuen Mann einstellt.

Gemeinschaften, die sich untereinander verheiraten, bringen eine gute Ernte an Gestrüpp hervor, und das Ergebnis ist das gleiche bei geschäftlichen Unternehmungen. Zwei der größten amerikanischen Verlagshäuser scheiterten vor ein paar Jahren mit einer ordentlichen Summe von jeweils etwa fünf Millionen, weil sie über einen Zeitraum von fünfzig Jahren hartnäckig Cousins, Onkel und Tanten förderten, deren einzige Tüchtigkeit darin bestand, dass sie seit langem auf der Rentenliste standen. Das ist der Weg der Trockenfäule.

Wenn Sie ein Geschäftsmann sind und eine verantwortungsvolle Position zu besetzen haben, suchen Sie sorgfältig unter Ihren alten Helfern nach einem Mann, den Sie befördern können. Wenn Sie aber keinen Mann haben, der groß genug ist, um die Stelle zu besetzen, dann stellen Sie nicht um des Friedens willen einen kleinen ein. Gehen Sie hinaus und suchen Sie einen Mann und stellen Sie ihn ein - egal, wie hoch das Gehalt ist, wenn er die Stelle ausfüllen kann - das Gehalt ist immer relativ zum Verdienst. Nur so können Sie Ihr Schiff wirklich besetzen.

Was die Regeln des öffentlichen Dienstes betrifft - Regeln sind dazu da, gebrochen zu werden. Und was die Langhörnigen angeht, die versuchen werden, Ihrem neuen Mitarbeiter das Leben schwer zu machen, so haben Sie Geduld mit ihnen. Es ist das Privileg eines jeden, ein angemessenes Maß an Prügel zu beziehen, vor allem, wenn die Person schon lange bei einem Unternehmen beschäftigt ist und viele Vorteile erhalten hat.

Aber wenn es am Ende zum Schlimmsten kommt, vergessen Sie nicht, dass Sie selbst an der Spitze des Unternehmens stehen. Wenn es scheitert, bekommen Sie die Schuld. Und sollte der Amboss-Chor so hartnäckig sein, dass die Gefahr besteht, dass Zwietracht an die Stelle der Harmonie tritt, so stehen Sie zu Ihrem neuen Mann, auch wenn es notwendig ist, jedem Vorgänger den blauen Umschlag zu geben. Vorrang im Geschäft ist eine Frage der Macht, und Jahre in einer Position können bedeuten, dass der Mann so lange dort war, dass er einen Wechsel braucht. Lassen Sie den Zephiren des Naturrechts freien Lauf, wenn sie durch Ihre Barthaare wehen.

Hier ist also das Argument: Befördert eure verdienten Männer, aber scheut euch nicht, einen scharfen Außenseiter einzustellen; er hilft allen, auch den Kickern, denn wenn ihr zerfallt und eine Niederlage einsteckt, müssen sich die Kicker ohnehin um neue Jobs bemühen. Ist das nicht so?

Raus oder anstellen

Der Brief von Abraham Lincoln an Hooker! Wenn alle Briefe, Botschaften und Reden von Lincoln vernichtet würden, mit Ausnahme dieses einen Briefes an Hooker, hätten wir immer noch einen ausgezeichneten Index für das Herz des Rail-Splitters.

In diesem Brief sehen wir, dass Lincoln seinen eigenen Geist beherrschte; und wir sehen auch die Tatsache, dass er andere beherrschen konnte. Der Brief zeugt von kluger Diplomatie, Offenheit, Freundlichkeit, Witz, Taktgefühl und unendlicher Geduld. Hooker hatte Lincoln, seinen Oberbefehlshaber, hart und ungerechtfertigt kritisiert. Doch Lincoln verzichtet auf all dies aus Respekt vor den Tugenden, die er Hooker zutraut, und befördert ihn zum Nachfolger von Burnside. Mit anderen Worten: Der Mann, dem Unrecht geschehen war, befördert den Mann, der ihm Unrecht getan hatte, über den Kopf eines Mannes hinweg, dem der Beförderte Unrecht getan hatte und zu dem der Beförderer eine herzliche persönliche Freundschaft pflegte.

Aber alle persönlichen Erwägungen wurden angesichts des angestrebten Ziels zurückgestellt.

Dennoch war es notwendig, dass der beförderte Mann die Wahrheit erfuhr, und Lincoln teilte sie ihm in einer Weise mit, die ihn weder demütigte noch zu törichter Wut anstachelte, die aber sicherlich den Anfall von Elefantenhirnhautentzündung verhinderte, dem Hooker ausgesetzt war.

Vielleicht ist es besser, wenn wir das Schreiben vollständig wiedergeben, und so ist es hier:

Executive Mansion, Washington,
26. Januar 1863.

Generalmajor Hooker:

General: Ich habe Sie an die Spitze der Armee des Potomac gestellt. Natürlich habe ich dies aus Gründen getan, die mir hinreichend erscheinen, und dennoch halte ich es für das Beste, wenn Sie wissen, dass es einige Dinge gibt, in denen ich mit Ihnen nicht ganz zufrieden bin.

Ich halte Sie für einen mutigen und fähigen Soldaten, was ich natürlich schätze. Ich glaube auch, dass Sie die Politik nicht mit Ihrem Amt vermischen, womit Sie Recht haben.

Sie haben Vertrauen in sich selbst, was eine wertvolle, wenn nicht gar unverzichtbare Eigenschaft ist.

Sie sind ehrgeizig, was in vernünftigen Grenzen eher Gutes als Schlechtes bewirkt; aber ich denke, dass Sie während General Burnsides Kommando über die Armee Ihrem Ehrgeiz gefolgt sind und ihn so weit wie möglich vereitelt haben, womit Sie dem Land und einem höchst verdienstvollen und ehrenhaften Offiziersbruder großes Unrecht getan haben.

Ich habe gehört, dass Sie kürzlich gesagt haben, sowohl die Armee als auch die Regierung bräuchten einen Diktator, und zwar so, dass man es glauben könnte. Natürlich habe ich Ihnen nicht deswegen, sondern trotzdem das Kommando gegeben. Nur die Generäle, die Erfolge erringen, können Diktatoren aufstellen. Was ich jetzt von Ihnen verlange, ist militärischer Erfolg, und ich werde die Diktatur riskieren. Die Regierung wird Sie nach Kräften unterstützen, was nicht mehr und nicht weniger ist, als sie für alle Befehlshaber getan hat und tun wird. Ich fürchte sehr, dass der Geist, den Sie in der Armee mitbegründet haben, nämlich den Befehlshaber zu kritisieren und ihm das Vertrauen zu entziehen, sich nun gegen Sie wenden wird. Ich werde Ihnen helfen, soweit ich kann, ihn einzudämmen. Weder Sie noch Napoleon, wenn er noch am Leben wäre, könnten etwas Gutes aus einer Armee herausholen, solange ein solcher Geist in ihr herrscht. Und nun hütet Euch vor Unbesonnenheit, sondern geht mit schlafloser Wachsamkeit vorwärts und gebt uns Siege.

Mit freundlichen Grüßen,
A. LINCOLN.

Ein Punkt in diesem Brief ist es besonders wert, dass wir darüber nachdenken, denn er deutet auf einen Zustand hin, der wie ein tödlicher Nachtschatten aus einem giftigen Boden sprießt. Ich spreche von der Gewohnheit, über diejenigen zu lästern, zu spotten, zu murren und sie zu kritisieren, die über uns stehen. Wer jemand ist und etwas tut, wird mit Sicherheit kritisiert, verleumdet und missverstanden werden. Dies ist ein Teil der Strafe für Größe, und jeder große Mann versteht dies; und er versteht auch, dass dies kein Beweis für Größe ist. Der endgültige Beweis für Größe liegt in der Fähigkeit, Schmähungen ohne Groll zu ertragen. Lincoln nahm die Kritik nicht übel; er wußte, daß jedes Leben seine eigene Entschuldigung für sein Dasein ist, aber sehen Sie, wie er Hooker darauf aufmerksam macht, daß die Zwietracht, die Hooker gesät hat, zurückkehren und ihn plagen wird! "Weder Sie noch Napoleon, wenn er noch lebte, könnten etwas Gutes aus einer Armee herausholen, solange ein solcher

Geist in ihr herrscht." Hookers Schuld fällt auf Hooker zurück - andere leiden, aber Hooker leidet am meisten.

Vor nicht allzu langer Zeit traf ich einen Yale-Studenten, der in den Ferien zu Hause war. Ich bin sicher, dass er nicht den wahren Geist von Yale repräsentierte, denn er war voller Kritik und Bitterkeit gegenüber der Institution. Präsident Hadley kam herein, um seinen Teil beizutragen, und ich bekam Gegenstände, Fakten, Daten, mit Zeit und Ort, für einen "Pfirsichbraten".

Sehr bald erkannte ich, dass das Problem nicht mit Yale, sondern mit dem jungen Mann zusammenhing. Er hatte sich geistig mit einigen trivialen Beleidigungen beschäftigt, bis er so sehr aus dem Einklang mit dem Ort geraten war, dass er die Kraft verloren hatte, irgendeinen Nutzen aus ihm zu ziehen. Das Yale-College ist keine perfekte Einrichtung - eine Tatsache, die Präsident Hadley und die meisten Männer in Yale wohl bereit sind zuzugeben; aber Yale bietet jungen Männern gewisse Vorteile, und es hängt von den Studenten ab, ob sie diese Vorteile nutzen oder nicht. Wenn Sie ein Student am College sind, nutzen Sie das Gute, das es dort gibt. Du erhältst Gutes, indem du es gibst. Du gewinnst, indem du gibst - zeige also Sympathie und fröhliche Loyalität gegenüber der Institution. Seien Sie stolz auf sie. Stehen Sie zu Ihren Lehrern - sie tun ihr Bestes. Wenn die Einrichtung mangelhaft ist, machen Sie sie zu einem besseren Ort, indem Sie ein Beispiel geben, indem Sie jeden Tag fröhlich Ihre Arbeit tun, so gut Sie können. Kümmere dich um deine eigenen Angelegenheiten.

Wenn in dem Unternehmen, in dem Sie beschäftigt sind, alles falsch läuft und der alte Mann ein Griesgram ist, wäre es vielleicht gut, wenn Sie zu dem alten Mann gingen und ihm vertraulich, ruhig und freundlich sagten, dass seine Politik absurd und grotesk ist. Zeigen Sie ihm dann, wie er sich bessern kann, und bieten Sie ihm an, die Leitung des Unternehmens zu übernehmen und es von seinen geheimen Fehlern zu befreien. Tun Sie dies, oder wenn Sie es aus irgendeinem Grund nicht tun wollen, dann wählen Sie eine der folgenden Möglichkeiten: Steigen Sie aus, oder stellen Sie sich an. Sie müssen das eine oder das andere tun - treffen Sie jetzt Ihre Wahl. Wenn Sie für einen Mann arbeiten, dann arbeiten Sie um Himmels willen für ihn.

Wenn er Ihnen ein Gehalt zahlt, mit dem Sie Ihren Lebensunterhalt bestreiten können, arbeiten Sie für ihn - sprechen Sie gut von ihm, denken Sie gut von ihm, stehen Sie zu ihm und zu der Institution, die er vertritt.

Ich denke, wenn ich für einen Mann arbeiten würde, würde ich für ihn arbeiten. Ich würde nicht einen Teil der Zeit für ihn arbeiten und den Rest der Zeit gegen ihn arbeiten. Ich würde einen ungeteilten Dienst leisten oder keinen. Wenn es hart auf hart kommt, ist eine Unze Loyalität mehr wert als ein Pfund Klugheit.

Wenn Sie verunglimpfen, verurteilen und auf ewig herabsetzen müssen, dann legen Sie doch Ihr Amt nieder, und wenn Sie dann draußen sind, können Sie nach Herzenslust verdammen. Aber ich bitte Sie, solange Sie Teil einer Institution sind, verurteilen Sie sie nicht. Nicht, dass du der Institution schaden würdest - das nicht - aber wenn du ein Unternehmen, dem du angehörst, verunglimpfst, verunglimpfst du dich selbst.

Mehr noch, Sie lösen die Ranken, die Sie an der Institution festhalten, und beim ersten starken Wind, der aufkommt, werden Sie entwurzelt und in der Spur des Schneesturms weggeblasen - und wahrscheinlich werden Sie nie erfahren, warum. In dem Brief steht nur: "Die Zeiten sind langweilig und wir bedauern, dass es nicht genug Arbeit gibt" usw.

Überall finden Sie diese arbeitslosen Menschen. Sprechen Sie mit ihnen, und Sie werden feststellen, dass sie voller Vorwürfe, Bitterkeit, Verachtung und Verurteilung sind. Das war das Problem - durch den Geist der Fehlersuche haben sie sich selbst umgedreht, so dass sie den Kanal blockierten und gesprengt werden mussten. Sie harmonierten nicht mehr mit dem Ort, und da sie keine Hilfe mehr waren, mussten sie entfernt werden. Jeder Arbeitgeber ist ständig auf der Suche nach Leuten, die ihm helfen können; natürlich sucht er unter seinen Angestellten nach denen, die nicht helfen, und alles und jeder, der ein Hindernis ist, muss weg. Das ist das Gesetz des Handels, das nicht zu beanstanden ist; es ist in der Natur begründet. Belohnt wird nur derjenige, der hilft, und um helfen zu können, muss man Mitgefühl haben.

Sie können dem alten Mann nicht helfen, solange Sie ihm unterschwellig und im Flüsterton, durch Gesten und Andeutungen, durch Gedanken und Geisteshaltung erklären, dass er ein Griesgram ist und dass sein System völlig falsch ist. Sie bedrohen ihn nicht unbedingt, wenn Sie diesen Kessel der Unzufriedenheit anheizen und den Neid in Streit verwandeln, aber Sie tun dies: Sie begeben sich auf eine gut geölte Rutsche, die Sie schnell nach unten und nach draußen befördern wird. Wenn Sie anderen Angestellten sagen, dass der alte Mann ein Griesgram ist, offenbaren Sie die Tatsache, dass Sie einer sind; und wenn Sie ihnen sagen, dass die Politik der Institution "verrottet" ist, zeigen Sie mit Sicherheit, dass es Ihre ist.

Diese schlechte Angewohnheit des Tadelns, Kritisierens und Meckerns ist ein Werkzeug, das bei ständigem Gebrauch immer schärfer wird, und es besteht die große Gefahr, dass derjenige, der zunächst nur ein mäßiger Treter ist, sich zu einem chronischen Klopfer entwickelt, und das Messer, das er geschärft hat, wird ihm den Kopf abtrennen.

Hooker wurde trotz seiner vielen Fehler befördert; aber die Chancen stehen gut, dass Ihr Arbeitgeber nicht die Liebe hat, die Lincoln hatte - die Liebe, die lange leidet und freundlich ist. Aber auch Lincoln konnte Hooker nicht ewig beschützen. Hooker versagte bei der Arbeit, und Lincoln musste es mit jemand anderem versuchen. So kam die Zeit, in der Hooker von einem stillen Mann abgelöst wurde, der niemanden kritisierte und niemanden beschimpfte - nicht einmal den Feind.

Und dieser stille Mann, der seinen eigenen Geist beherrschen konnte, nahm die Städte ein. Er kümmerte sich um seine eigenen Angelegenheiten und tat das Werk, das kein Mensch jemals tun kann, wenn er nicht ständig absolute Loyalität, vollkommenes Vertrauen, unbeirrbare Treue und unermüdliche Hingabe zeigt. Kümmern wir uns um unsere eigenen Angelegenheiten und erlauben wir anderen, sich um die ihren zu kümmern, und arbeiten so für uns selbst, indem wir für das Wohl aller arbeiten.

Der Wochentag, halte ihn heilig

Ist Ihnen schon einmal aufgefallen, dass es eine höchst absurde und halb-barbarische Sache ist, einen Tag als "heilig" zu bezeichnen?

Wenn Sie Schriftsteller sind und Ihnen ein schöner Gedanke kommt, dann zögern Sie nicht, weil es Sonntag ist, sondern Sie schreiben ihn auf.

Wenn Sie ein Maler sind und das Bild vor Ihnen erscheint, lebendig und klar, dann beeilen Sie sich, es zu verwirklichen, bevor die Vision verblasst.

Wenn du ein Musiker bist, singst du ein Lied oder spielst es auf dem Klavier, damit es sich in dein Gedächtnis einprägt - und zwar aus Freude daran.

Aber wenn Sie ein Schreiner sind, können Sie einen Entwurf machen, aber Sie werden aufhören müssen, bevor Sie den Tisch machen, wenn der Tag zufällig der "Tag des Herrn" ist; und wenn Sie ein Schmied sind, werden Sie es nicht wagen, einen Hammer zu heben, aus Angst vor dem Gewissen oder der Polizei. All dies ist ein Eingeständnis, dass wir die manuelle Arbeit als eine Art notwendiges Übel betrachten, das nur zu bestimmten Zeiten und an bestimmten Orten verrichtet werden darf.

Die orthodoxe Begründung für die Enthaltsamkeit von jeglicher körperlicher Arbeit am Sonntag ist, dass "Gott den Himmel und die Erde in sechs Tagen gemacht hat und am siebten Tag geruht hat", weshalb der Mensch, der nach dem Bild seines Schöpfers geschaffen wurde, diesen Tag heilig halten sollte. Wie es möglich sein kann, dass ein höchstes, allmächtiges und allwissendes Wesen ohne "Körper, Teile oder Leidenschaften" durch körperliche Anstrengung ermüdet, ist eine Frage, die noch nicht beantwortet ist.

Die Idee, Gott am Sonntag zu dienen und ihn dann die ganze Woche über zu vergessen, ist ein Trugschluss, der von Reverend Dr. Sayles und seinem Koadjutor, Diakon Buffum, gefördert wird, der den Panama zum Nutzen derjenigen verteilt, die die Absolution kaufen wollen. Oder, wenn Sie es vorziehen, da die Erlösung kostenlos ist, ist das, was wir in den Panama legen, ein Honorar für die Gottheit oder ihren Agenten, so wie unsere bekannten Autoren nie gegen Bezahlung bei Banketten sprechen, sondern das Honorar annehmen, das auf irgendeine okkulte und mysteriöse Weise auf dem Kaminsims hinterlassen wird. Der Sonntag mit seiner Befreiung von der Arbeit wurde für Sklaven erfunden, die sich während der Woche von jeglicher Arbeit frei-machen konnten.

Um das Wohlwollen des Sklaven zu kitzeln, wurde es dann zur Tugend erklärt, am Sonntag nicht zu arbeiten - ein höchst erfreuliches Stück Tom-Sawyer-Diplomatie. Indem er seinen Neigungen folgt und nichts tut, erwächst ihm ein geheimnisvoller, himmlischer Nutzen, den der faule Mann zu haben und für die Ewigkeit zu be-halten hofft.

Die Sklaven, die am Sonntag nicht arbeiten, bezeichnen diejenigen, die dies tun, als unter ihrer Tugendhaftigkeit stehend und verachtenswert. Nach dieser Theorie sind alle Gesetze erlassen worden, die denjenigen bestrafen, der am Sonntag arbeitet oder spielt. Hört Gott an einem von sieben Tagen auf zu arbeiten, oder unterscheidet sich die Arbeit, die er am Sonntag verrichtet, be-sonders von der, die er am Dienstag verrichtet? Der Samstag als halber Feiertag ist nicht "heilig" - der Sonntag schon, und wir haben Gesetze, um diejenigen zu bestrafen, die ihn "verletzen". Kein Mensch kann den Sabbat verletzen; er kann jedoch seine eigene Natur verletzen, und das tut er eher durch erzwungenen Müßiggang als durch Arbeit oder Spiel. Nur fließendes Wasser ist rein, und stagnierende Natur jeglicher Art ist gefährlich - eine Brutstätte für Krankheiten.

Ein Berufswechsel ist für die geistige und körperliche Gesundheit notwendig. Die meisten Menschen bekommen zu viel von einer Art von Arbeit. Die ganze Woche sind sie an eine Aufgabe gekettet, eine widerwärtige Aufgabe, weil die Dosis zu groß ist. Sie müssen diese bestimmte Arbeit verrichten oder verhungern. Das ist Sklaverei, genauso wie damals, als der Mensch als Vieh gekauft und verkauft wurde.

Wird nicht eine Zeit kommen, in der alle Männer und Frauen arbeiten werden, weil es ein gesegnetes Geschenk, ein Privileg ist? Wenn dann alle arbeiten würden, gäbe es kein verschwenderisches Konsumieren als Geschäft mehr. So wie es aussieht, gibt es viele Menschen, die überhaupt nicht arbeiten, und diese sind stolz darauf und halten die Sonntagsgesetze aufrecht. Wenn die Faulenzer arbeiten würden, wäre niemand überarbeitet. Wenn diese Zeit jemals kommt, sollten wir dann nicht aufhören, es als "böse" zu betrachten, zu bestimmten Zeiten zu arbeiten, genauso wie wir es für absurd halten würden, ein Gesetz zu erlassen, das es uns verbietet, am Mittwoch glücklich zu sein? Ist gute Arbeit nicht das Bemühen, etwas Nützliches,

Notwendiges oder Schönes zu schaffen? Wenn ja, dann ist gute Arbeit ein Gebet, das von einem liebenden Herzen ausgeht - ein Gebet zum Nutzen und Segen. Wenn das Gebet nicht ein Wunsch ist, der durch eine richtige menschliche Anstrengung unterstützt wird, um seine Wirksamkeit zu erreichen, was ist es dann?

Arbeit ist ein Dienst, den wir für uns und andere leisten. Wenn ich dich liebe, werde ich sicherlich für dich arbeiten - auf diese Weise zeige ich meine Liebe. Und meine Liebe auf diese Weise zu offenbaren, ist für mich eine Freude und Befriedigung. Die Arbeit ist also allein für den Arbeiter, und die Arbeit ist ihr eigener Lohn. Wenn es also falsch ist, am Sonntag zu arbeiten, dann ist es auch falsch, am Sonntag zu lieben; jedes Lächeln ist eine Sünde, jede Liebkosung ein Fluch und jede Zärtlichkeit ein Verbrechen.

Müssen wir nicht irgendwann, wenn wir in unserer Mentalität und unserem Geist wachsen, aufhören, zu unterscheiden und einige Arbeiten als weltlich und andere als heilig zu bezeichnen? Ist es nicht genauso notwendig, dass ich Mais hacke und meine Lieben ernähre (und auch der Priester), wie es für den Priester notwendig ist, zu predigen und zu beten? Würde ein Priester überhaupt predigen und beten, wenn nicht jemand hacken würde? Wenn das Leben von Gott ist, dann ist jede nützliche Anstrengung göttlich; und zu arbeiten ist die höchste Form der Religion. Wenn Gott uns geschaffen hat, freut er sich sicher, wenn sein Werk gelingt. Wenn wir unglücklich sind und bereit, das Leben mit einer bloßen Hand zu befreien, machen wir unserem Schöpfer gewiss kein Kompliment, wenn wir sein Werk als gescheitert bezeichnen. Aber wenn unser Leben voller Freude ist und wir dankbar für das Gefühl sind, dass wir eins mit Gott sind und ihm helfen, sein Werk zu tun, dann, und nur dann, dienen wir ihm wirklich.

Ist es nicht seltsam, dass die Menschen Gesetze erlassen haben, die besagen, dass es böse ist, wenn wir arbeiten?

Exklusive Freundschaften

Ein ausgezeichneter und freundlicher Mann, den ich kenne, hat gesagt: "Wenn einundfünfzig Prozent der Wähler an die Zusammenarbeit im Gegensatz zum Wettbewerb glauben, wird das ideale Gemeinwesen aufhören, eine Theorie zu sein, und zur Tatsache werden."

Dass die Menschen zum Wohle aller zusammenarbeiten sollten, ist sehr schön, und ich glaube, dass der Tag kommen wird, an dem dies der Fall sein wird, aber das einfache Verfahren, bei dem einundfünfzig Prozent der Wähler für den Sozialismus stimmen, wird dies nicht bewirken.

Die Stimmabgabe ist lediglich Ausdruck eines Gefühls, und nach der Auszählung der Stimmzettel bleibt immer noch die Arbeit zu tun. Ein Mensch kann richtig wählen und sich den Rest des Jahres wie ein Narr verhalten.

Der Sozialist, der voller Bitterkeit, Kampf, Zwietracht und Eifersucht ist, schafft eine Opposition, die ihn und alle anderen wie ihn in Schach halten wird. Und diese Opposition ist gut, denn auch eine sehr unvollkommene Gesellschaft ist gezwungen, sich vor der Auflösung und einem noch schlimmeren Zustand zu schützen. Die

Monopole zu übernehmen und zum Wohle der Gesellschaft zu betreiben, ist nicht genug und auch nicht wünschenswert, solange der Gedanke der Rivalität um sich greift.

Solange die Menschen nur an sich selbst denken, werden sie andere Menschen fürchten und hassen, und im Sozialismus würde es genau das gleiche Gerangel um Platz und Macht geben, das wir heute in der Politik erleben.

Die Gesellschaft kann niemals wiederhergestellt werden, solange die einzelnen Mitglieder nicht wiederhergestellt sind. Der Mensch muss wiedergeboren werden. Wenn einundfünfzig Prozent der Wähler ihren eigenen Geist beherrschen und einundfünfzig Prozent ihres gegenwärtigen Neids, ihrer Eifersucht, ihrer Bitterkeit, ihres Hasses, ihrer Angst und ihres törichten Stolzes aus ihren Herzen verbannt haben, dann wird der christliche Sozialismus in greifbare Nähe rücken, und nicht vorher.

Das Thema ist viel zu umfangreich, um es in einem Absatz abzuhandeln, daher möchte ich mich hier mit der Erwähnung einer Sache begnügen, die meines Wissens noch nie in der Presse erwähnt wurde - die Gefahr für die Gesellschaft, die von exklusiven Freundschaften zwischen Mann und

Mann und Frau und Frau ausgeht. Keine zwei Personen desselben Geschlechts können sich gegenseitig ergänzen, noch können sie sich auf Dauer gegenseitig erheben oder nützen. In der Regel deformieren sie den geistigen und seelischen Zustand. Wir sollten viele Bekanntschaften haben oder keine. Wenn zwei Männer anfangen, sich "alles zu erzählen", sind sie auf dem Weg zur Senilität. Es muss ein wenig wohldefinierte Zurückhaltung geben. Man sagt uns, dass sich die Moleküle in der Materie - zum Beispiel in festem Stahl - niemals berühren. Sie geben niemals ihre Individualität auf. Wir sind alle Moleküle der Gottheit, und unsere Persönlichkeit sollte nicht aufgegeben werden. Sei du selbst, lass niemanden für dich notwendig sein - dein Freund wird mehr von dir halten, wenn du ihn ein wenig auf Abstand hältst. Die Freundschaft ist, wie der Kredit, dort am höchsten, wo sie nicht gebraucht wird.

Ich kann verstehen, wie ein starker Mann eine große und beständige Zuneigung zu tausend anderen Menschen haben und sie alle beim Namen nennen kann, aber wie er einen dieser Menschen viel höher als einen anderen ansehen und sein geistiges Gleichgewicht bewahren kann, weiß ich nicht.

Lasst einen Mann nahe genug herankommen, und er umklammert euch wie einen Ertrinkenden, und ihr geht beide unter. In einer engen und exklusiven Freundschaft nehmen Männer an den Schwächen des anderen teil.

In Geschäften und Fabriken kommt es ständig vor, dass Männer ihre Kumpels haben. Diese Männer erzählen sich gegenseitig ihre Sorgen - sie halten nichts zurück - sie haben Mitleid miteinander, sie kondolieren sich gegenseitig.

Sie verbinden sich und stehen zueinander. Ihre Freundschaft ist exklusiv, und andere sehen das auch. Eifersucht schleicht sich ein, Misstrauen erwacht, Hass lauert um die Ecke, und diese Männer vereinen sich in gegenseitiger Abneigung gegen bestimmte Dinge und Personen. Sie heizen sich gegenseitig an, und ihre Sympathie verwässert die Vernunft - indem sie ihre Probleme erkennen, machen sie sie real. Die Dinge geraten aus dem Blickfeld, und der Sinn für Werte geht verloren. Indem man jemanden für einen Feind hält, macht man ihn zum Feind.

Bald sind andere dabei und wir haben eine Clique. Eine Clique ist eine verkommene Freundschaft.

Eine Clique entwickelt sich zu einer Fraktion und eine Fraktion zu einer Fehde, und bald haben wir einen Mob, der eine blinde, dumme, wahnsinnige, verrückte, tobende und brüllende Masse ist, die das Ruder verloren hat. In einem Mob gibt es keine Individuen - alle sind einer Meinung, und das unabhängige Denken ist verschwunden.

Eine Fehde gründet sich auf nichts - sie ist ein Irrtum - eine dumme Idee, die von einem dummen Freund angefacht wird! Und sie kann zu einem Mob werden.

Jeder Mensch, der etwas mit dem Gemeinschaftsleben zu tun hatte, hat bemerkt, dass die Clique der zersetzende Bazillus ist - und die Clique hat ihren Ursprung immer in der exklusiven Freundschaft zweier Personen desselben Geschlechts, die sich gegenseitig alle unfreundlichen Dinge erzählen, die über den jeweils anderen gesagt werden - "also sei auf der Hut". Hüte dich vor der exklusiven Freundschaft! Respektiere alle Menschen und versuche, das Gute in allen zu finden. Es ist ein Fehler, nur mit den Geselligen, den Witzigen, den Klugen und den Genialen zu verkehren - geh zu den einfachen, den dummen und den ungebildeten Menschen und übe deinen eigenen Witz und deine Weisheit. Du wächst, indem du gibst - habe keine Lieblinge - du hältst deinen Freund genauso, indem du dich von ihm fernhältst, wie du ihm folgst.

Verehre ihn - ja, aber sei natürlich und lass den Raum dazwischen. Sei ein göttliches Molekül.

Sei du selbst und gib deinem Freund die Chance, er selbst zu sein. So tun Sie ihm einen Gefallen, und indem Sie ihm einen Gefallen tun, tun Sie sich selbst einen Gefallen.

Die besten Freundschaften sind die zwischen Menschen, die ohne den anderen auskommen können.

Natürlich gibt es Fälle von exklusiver Freundschaft, die uns als großartige Beispiele für Zuneigung vor Augen geführt werden, aber sie sind so selten und außergewöhnlich, dass sie dazu dienen, die Tatsache zu betonen, dass es für Männer von gewöhnlicher Macht und Intellekt äußerst unklug ist, ihre Mitmenschen auszuschließen. Einige wenige Männer, die groß genug sind, um einen Platz in der Geschichte zu haben, könnten vielleicht die Rolle des David gegenüber dem Jonathan eines anderen spielen und dennoch das Wohlwollen aller bewahren, aber die meisten von uns würden Bitterkeit und Zwietracht erzeugen.

Und dieser schöne Traum vom Sozialismus, in dem jeder für das Wohl aller arbeitet, wird niemals Wirklichkeit werden, solange nicht einundfünfzig Prozent der Erwachsenen alle exklusiven Freundschaften aufgeben. Bis es soweit ist, wird es Cliquen, Konfessionen - die groß gewordene Cliquen sind -, Fraktionen, Fehden und gelegentlich Mobs geben.

Stützen Sie sich auf niemanden, und lassen Sie sich von niemandem stützen. Die ideale Gesellschaft wird aus idealen Individuen bestehen. Sei ein Mann und sei ein Freund für alle.

Als der Meister seine Jünger ermahnte, ihre Feinde zu lieben, hatte er die Wahrheit im Sinn, dass eine ausschließende Liebe ein Fehler ist - die Liebe stirbt, wenn sie monopolisiert wird - sie wächst durch Geben. Die Liebe ist ein Irrtum. Dein Feind ist jemand, der dich missversteht - warum solltest du dich nicht über den Nebel erheben und seinen Irrtum erkennen und ihn für die guten Eigenschaften, die du in ihm findest, respektieren?

Die Torheit, in der Zukunft zu leben

Oft wird die Frage gestellt: "Was wird aus all den Valedictorians und all den Class-Day-Poets?"

Ich kann über zwei Personen Auskunft geben, für die diese Anfrage gestellt wird - der Valediktorianer meiner Klasse ist jetzt ein äußerst fleißiger und würdiger Verkäufer im Geschäft von Siegel, Cooper & Company, und ich war der Dichter des Klassentags. Wir hatten beide das Ziel vor Augen. Wir standen auf der Schwelle und blickten auf die Welt, um uns darauf vorzubereiten, sie beim Schwanz zu packen und ihr zu unserem eigenen Vergnügen den Kopf abzureißen.

Wir hatten unsere Augen auf das Tor gerichtet - es hätte auch das Gefängnis sein können.

Es war sehr absurd für uns, unsere Augen auf das Tor zu richten. Es überforderte unseren Blick und lenkte uns von unserer Arbeit ab. Wir verloren den Bezug zur Gegenwart.

An das Ziel zu denken, bedeutet, die Entfernung in Gedanken immer wieder zu durchlaufen und sich damit zu beschäftigen, wie furchtbar weit es entfernt ist. Wir haben so wenig Verstand - wir arbeiten mit einem so begrenzten Kapital an Intellekt -, dass es fadenscheinig ist, ihn auf der

Suche nach einer weit entfernten Sache abzu-
nutzen, als ob man hoffnungslos in Siegel, Cooper
& Company gestrandet wäre.

Natürlich ist Siegel, Cooper & Company auch
in Ordnung, aber der Punkt ist: Es war nicht das
Goal!

Eine gehörige Portion Gleichgültigkeit ist eine
Voraussetzung, um ein großes Werk zu voll-
bringen.

Keiner weiß, was das Ziel ist - wir alle segeln
unter Verschluss.

Erledige deine Arbeit heute, so gut du kannst,
und lebe einen Tag nach dem anderen. Wer das
tut, schont seine gottgegebene Energie und spinnt
sie nicht zu zarten Spinnfäden aus, die so zer-
brechlich und hauchdünn sind, dass das unfreund-
liche Schicksal sie wahrscheinlich wegfegen wird.

Die Arbeit von heute gut zu machen, ist die
sichere Vorbereitung für etwas Besseres von
morgen. Die Vergangenheit ist für immer von uns
gegangen; die Zukunft können wir nicht erreichen;
die Gegenwart gehört allein uns. Die Arbeit eines
jeden Tages ist eine Vorbereitung auf die Aufgaben des nächsten Tages.

Leben Sie in der Gegenwart - der Tag ist da, die Zeit ist jetzt.

Es gibt nur eine Sache, für die es sich zu beten lohnt: dass wir in der Reihe der Evolution stehen.

Der Geist des Menschen

Vielleicht täusche ich mich, aber ich kann nicht umhin zu glauben, dass der Geist des Menschen in einer besseren Welt als der unseren wieder leben wird. Fenelon sagt: "Die Gerechtigkeit verlangt ein anderes Leben, um die Ungleichheiten des jetzigen auszugleichen." Astronomen prophezeien die Existenz von Sternen, lange bevor sie sie sehen können. Sie wissen, wo sie sein müssten, und sie richten ihre Teleskope in diese Richtung, weil sie wissen, dass sie sie finden werden.

Materiell gesehen kann sich niemand etwas Schöneres als diese Erde vorstellen, und zwar aus dem einfachen Grund, dass wir uns nichts vorstellen können, was wir nicht gesehen haben; wir können neue Kombinationen bilden, aber das Ganze besteht aus Teilen von Dingen, die wir kennen. Diese große grüne Erde, aus der wir hervorgegangen sind, von der wir ein Teil sind, die unsere Körper trägt, die zu ihr zurückkehren müssen, um das Darlehen zurückzuzahlen, ist sehr, sehr schön.

Aber der Geist des Menschen ist hier nicht ganz zu Hause; während wir an Seele und Verstand wachsen, hören wir immer wieder eine

Stimme, die sagt: "Steh auf und geh fort, denn dies ist nicht deine Ruhe." Und je größer, edler und erhabener der Geist ist, desto beständiger ist die Unzufriedenheit. Die Unzufriedenheit kann verschiedene Ursachen haben, und man darf nicht annehmen, dass die Unzufriedenen immer die reinen Herzen sind, aber es ist eine Tatsache, dass die Weisen und Ausgezeichneten alle die Bedeutung des Weltschmerzes kennen. Je mehr ihr dieses Leben studiert und schätzt, desto sicherer seid ihr, dass dies nicht alles ist. Du bettest dein Haupt auf Mutter Erde, lauschst ihrem Herzklopfen, und während dein Geist von ihrer Liebe erfüllt ist, ist deine Freude halb Schmerz, und eine Freude, die schmerzt, kommt zu dir. Der Anblick der erhabensten Formen der Schönheit, wie der Sonnenuntergang auf dem Meer, das Aufkommen eines Sturms in der Prärie oder die erhabene Majestät der Berge, erzeugt ein Gefühl der Traurigkeit, eine zunehmende Einsamkeit. Es reicht nicht aus zu sagen, dass der Mensch den Menschen bedrängt, so dass wir wirklich unserer Freiheit beraubt sind, dass die Zivilisation durch einen Bazillus verursacht wird und dass wir aus einem natürlichen Zustand in ein Getümmel geraten sind, in dem Rivalität herrscht - all das mag wahr sein, aber darüber hinaus und außerhalb von all dem gibt es keine physische Umgebung in Form von Fülle, die die Erde liefern kann, die der müden Seele Frieden geben wird. Die Glücklichsten sind die, die am wenigsten haben; und die Fabel von dem angeschlagenen König und dem hemdsärmeligen Bettler enthält den Keim der Wahrheit. Die Weisen halten alle irdischen Bindungen sehr leicht - sie ziehen sich für die Ewigkeit aus.

Weltschmerz ist nur ein Wunsch nach einem besseren geistigen Zustand. Es gäbe noch mehr über das Thema Weltschmerz zu schreiben - um das Thema auszuschöpfen, wäre ein ganzes Buch nötig. Und sicher ist, dass ich nicht den Wunsch habe, das letzte Wort zu einem Thema zu sprechen. Der geneigte Leser hat gewisse Rechte, und zu diesen gehört das Privileg, den Fall zusammenzufassen.

Aber es ist eine Tatsache, dass der Weltschmerz eine Form der Begierde ist. Alle Wünsche sind gerecht, angemessen und richtig; und ihre Befriedigung ist das Mittel, mit dem die Natur uns das liefert, was wir brauchen.

Das Verlangen veranlasst uns nicht nur, das zu suchen, was wir brauchen, sondern ist eine Form der Anziehung, durch die das Gute zu uns gebracht wird, so wie die Amöben einen Strudel im Wasser erzeugen, der ihre Nahrung in Reichweite bringt.

Jedes Verlangen in der Natur hat in der göttlichen Ökonomie einen festen und eindeutigen Zweck, und jedes Verlangen hat seine angemessene Befriedigung. Wenn wir uns die enge Freundschaft eines bestimmten Menschen wünschen, dann deshalb, weil dieser Mensch bestimmte seelische Qualitäten hat, die wir nicht besitzen und die unsere eigenen ergänzen.

Durch die Sehnsucht kommen wir in den Besitz des Eigenen; indem wir uns ihren Lockungen unterwerfen, fügen wir unserer Statur Ellen hinzu; und wir geben auch anderen unsere eigenen Eigenschaften, ohne ärmer zu werden, denn die Seele ist nicht begrenzt. Die ganze Natur ist ein Symbol des Geistes, und so bin ich gezwungen zu glauben, dass es irgendwo eine angemessene Befriedigung für diese geheimnisvolle Sehnsucht der Seele geben muss.

Die Walhalla des Nordmannes, das Nirwana des Hindu, der Himmel des Christen sind natürliche Hoffnungen von Wesen, deren Sorgen und Enttäuschungen hier durch den Glauben gemildert werden, dass irgendwo Thor, Brahma oder Gott eine Entschädigung gibt.

Die Ewigen Einheiten erfordern einen Zustand, in dem es Männern und Frauen erlaubt ist, zu lieben und nicht zu trauern; in dem die Tyrannei der verhassten Dinge nicht vorherrscht und das, wonach sich das Herz sehnt, bei unserer Berührung nicht zu Asche wird.

Kunst und Religion

Obwohl dies im Großen und Ganzen richtig zu sein scheint, bin ich mir nicht sicher, ob es in jedem Fall zutrifft. Bitte denken Sie selbst darüber nach, und wenn ich mich irren sollte, dann sagen Sie es mir bitte.

Die Behauptung lautet: Der Künstler braucht keine Religion jenseits seiner Arbeit. Das heißt, Kunst ist Religion für den Mann, der schöne Gedanken denkt und sie für andere so gut wie möglich ausdrückt. Religion ist eine emotionale Erregung, durch die sich der Gläubige in einen Zustand geistiger Erhabenheit erhebt und für einen Moment in eine Atmosphäre der Ruhe, des Friedens und der Liebe eintaucht. Alle normalen Männer und Frauen sehnen sich nach solchen Phasen; und Bernard Shaw sagt, dass wir sie durch starken Tee, Tabak, Whiskey, Opium, Liebe, Kunst oder Religion erreichen.

Ich halte Bernard Shaw für einen Zyniker, aber sein Gedanke enthält einen Funken Wahrheit, der es wert ist, wiederholt zu werden. Aber jenseits der natürlichen Religion, die eine Leidenschaft für das Einssein mit dem Ganzen ist, pflanzen alle formalisierten Religionen das Element der Angst ein und lehren die Notwendigkeit, ein höheres Wesen zu besänftigen. Unsere Vorstellung von einem Höchsten Wesen wird uns von der politischen Regierung suggeriert, unter der wir leben. Die Situation wurde von Carlyle auf den Punkt gebracht, als er sagte, dass die Gottheit für den durchschnittlichen Briten einfach ein unendlicher Georg IV. sei. Der Gedanke an Gott als einen schrecklichen obersten Tyrannen fand zuerst in einer unbegrenzten Monarchie seine Form; aber als die Regierungen nachsichtiger wurden, wurden es auch die Götter, bis man sie zu einer Republik herunter (oder hinauf) brachte, in der Gott nur ein Präsident ist, und wir alle uns ihm im vertrauten Gebet in absoluter Gleichheit nähern.

Bald wird der Mensch zum ersten Mal sagen: "Ich bin Gott, und du bist Gott, und wir sind alle nur Teilchen von ihm", und hier wird der Präsident abgeschafft, und das Referendum kommt ins Spiel. Aber das Fehlen eines obersten Regierungsoberhaupts impliziert Einfachheit, Ehrlichkeit, Gerechtigkeit und Aufrichtigkeit. Überall dort, wo Ränke, Intrigen und zweifelhafte Lebensmethoden angewandt werden, ist ein Herrscher notwendig; und auch dort hat die Religion mit ihrer Idee, Gott zu besänftigen, einen festen Halt. Menschen, deren Leben zweifelhaft ist, spüren das Bedürfnis nach einer starken Regierung und einer heißen Religion. Formale Religion und Sünde gehen Hand in Hand. Formale Religion und Sklaverei gehen Hand in Hand. Formale Religion und Tyrannei gehen Hand in Hand. Formale Religion und Unwissenheit gehen Hand in Hand.

Und Sünde, Sklaverei, Tyrannei und Unwissenheit sind eins - sie sind niemals getrennt.

Die formale Religion ist ein Schema, mit dem der Mensch hofft, Frieden mit seinem Schöpfer zu schließen; und eine formale Religion neigt auch dazu, das Gefühl der Erhabenheit zu befriedigen, wenn der Mensch in seiner Arbeit keine Befriedigung gefunden hat. Voltaire sagt: "Wenn die Frau sich dem Manne gegenüber nicht mehr annehmbar findet, wendet sie sich an Gott", und wenn der Mann sich selbst gegenüber nicht mehr annehmbar ist, geht er in die Kirche. Um diesen Artikel nicht zu einem Wälzer werden zu lassen, habe ich absichtlich kein Wort über die protestantische Kirche als nützlichen Sozialverein verloren und bin nur der Argumentation halber davon ausgegangen, dass die Kirche wirklich eine religiöse Institution ist.

Eine formale Religion ist nur ein Schnitt durch die Menge - ein Versuch, die Emotionen und Empfindungen hervorzubringen, die einem Menschen durch die Ausübung von Liebe, Tugend, Vortrefflichkeit und Wahrheit zuteil werden. Wenn du ein großartiges Werk vollbringst und dein Bestes zum Ausdruck bringst, kommt als Belohnung ein Hochgefühl der Seele, eine Erhabenheit des Gefühls, die dich für eine Weile in Kontakt mit dem Unendlichen bringt. Eine formale Religion bringt dieses Gefühl, ohne dass ihr etwas Nützliches tut, und ist daher unnatürlich.

Formalisierte Religion ist dort am stärksten, wo Sünde, Sklaverei, Tyrannei und Unwissenheit im Überfluss vorhanden sind. Wo die Menschen frei, aufgeklärt und bei der Arbeit sind, finden sie in ihrer Arbeit all die Befriedigung, die ihre Seele verlangt - sie hören auf, außerhalb ihrer selbst nach etwas zu suchen, das ihnen Ruhe gibt. Sie sind im Frieden mit sich selbst, im Frieden mit den Menschen und mit Gott.

Aber jeder Mensch, der an eine aussichtslose Aufgabe gekettet ist, dessen tägliche Arbeit keinen Ausdruck findet, der von einem Chef verfolgt wird, wendet sich, wann immer er einen

Moment der Ruhe findet, dem Alkohol oder der Religion zu.

Männer, die den Samstagabend im Auge haben, die sich anschicken, jemand anderen zu verdrängen, die zu jeder Tageszeit einen Arbeitgeber finden können, die ihren Verstand einsetzen, um sich der Arbeit zu entziehen, die nur an ihre Sommerferien denken, wenn sie nicht mehr arbeiten müssen, sind oft Verfechter der Sabbatruhe und des Kirchgangs.

Geschäftsleute, die elf für ein Dutzend geben und vierunddreißig Zoll pro Yard zählen, die schnell eine Hypothek ausschließen und die sagen: "Geschäft ist Geschäft", sind in der Regel Geistliche, Diakone und Kirchenverwalter. Sehen Sie sich um! Räuberische Immobilienhändler, die Netze für alle Unvorsichtigen auslegen, Anwälte, die auf ihre Beute lauern, Handelsfürsten, die ihre Angestellten unter die Räder nehmen, und Ölmagnaten, deren Geschichte nie geschrieben wurde und auch nicht geschrieben werden könnte, schließen oft Frieden mit Gott und finden eine Befriedigung für ihren Sinn für Erhabenheit, indem sie Kirchen bauen, Colleges gründen, Bibliotheken stiften und an einer formalisierten Religion festhalten. Schauen Sie sich um!

Um es noch einmal zu sagen: Wenn Ihr Lebenswerk zweifelhaft, fragwürdig oder geschmacklos ist, werden Sie das Gleichgewicht wahren, indem Sie außerhalb Ihrer Berufung nach der Befriedigung suchen, die Ihnen zusteht, die Ihnen aber Ihre tägliche Arbeit verwehrt, und Sie finden sie in der Religion, ich sage nicht, dass dies immer so ist, aber es ist sehr oft. Große Sünder neigen dazu, sehr religiös zu sein; und umgekehrt haben die besten Menschen, die je gelebt haben, mit den etablierten Religionen Krieg geführt. Außerdem sind die besten Männer nie in Kirchen zu finden.

Männer, die tief in ihre Arbeit vertieft sind, deren Leben dem Tun geweiht ist, die einfach, ehrlich und aufrichtig sind, die keine formale Religion anstreben, die keinen Priester oder Pastor brauchen und die keine Befriedigung außerhalb ihres täglichen Lebens suchen. Alles, worum sie bitten, ist, in Ruhe gelassen zu werden - sie wollen nur das Privileg, arbeiten zu dürfen.

Als Samuel Johnson auf seinem Sterbebett Joshua Reynolds das Versprechen abverlangte, am Sonntag nicht mehr zu arbeiten, ahnte er natürlich nicht, dass Reynolds durch Arbeit denselben Geisteszustand erreichte, den er, Johnson, durch den Kirchgang erreicht hatte. Johnson verachtete

94

die Arbeit und Reynolds liebte sie; Johnson betrachtete einen Tag in der Woche als heilig; für Reynolds waren alle Tage heilig - heilig für die Arbeit, das heißt, für den Ausdruck seines Besten. Warum sollten Sie aufhören, Ihr Heiligstes und Höchstes am Sonntag zum Ausdruck zu bringen? Ah, ich weiß, warum du am Sonntag nicht arbeitest! Weil du denkst, dass Arbeit erniedrigend ist, und weil dein Verkauf und Tausch auf Betrug beruht und deine Waren schäbig sind. Eure Geschäfte unter der Woche liegen wie ein Sarg auf eurem Gewissen, und ihr braucht einen Tag, an dem ihr die Müdigkeit der Sklaverei, unter der ihr lebt, ablegen könnt. Sie sind selbst nicht frei, und Sie bestehen darauf, dass andere nicht frei sein sollen.

Ihr habt aufgehört, die Arbeit fröhlich zu machen, und ihr schuftet und lasst andere mit euch schuften, und ihr werdet fast ohnmächtig vor Müdigkeit und Abscheu. Ihr seid Sklaven und Sklavenhalter, denn Sklaven zu besitzen heißt, einer zu sein.

Aber der Künstler ist frei und arbeitet in Freude, und für ihn sind alle Dinge gut und alle Tage heilig. Die großen Erfinder, Denker, Dichter, Musiker und Künstler waren allesamt zutiefst religiöse Menschen, aber ihre Religion war nie eine formalisierte, eingeschränkte, verknöcherte Religion. Sie beteten nicht zu bestimmten Zeiten und an bestimmten Orten. Ihre Religion war ein natürliches und spontanes Aufblühen des Intellekts und der Gefühle - sie haben in Liebe gearbeitet, nicht nur an einem Tag in der Woche, sondern an allen Tagen, und für sie waren die Haine immer und ewig die ersten Tempel Gottes.

Lasst uns daran arbeiten, die Menschen frei zu machen! Bin ich schlecht, weil ich euch die Freiheit geben will und euch in Freude statt in Angst arbeiten lasse?

Zögern Sie nicht, am Sonntag zu arbeiten, so wie Sie gute Gedanken denken würden, wenn der Geist Sie dazu anregt. Denn die Arbeit ist letzten Endes nur der Ausdruck eurer Gedanken, und es kann keine bessere Religion geben als gute Arbeit.

Initiative

Die Welt vergibt ihre großen Preise, sowohl in Form von Geld als auch in Form von Ehrungen, nur für eine Sache. Und das ist Initiative. Was ist Initiative? Ich werde es Ihnen sagen: Es bedeutet, das Richtige zu tun, ohne dass es einem gesagt wird. Aber noch wichtiger als das Richtige zu tun, ohne dass es einem gesagt wird, ist es, es zu tun, wenn es einem einmal gesagt wird. Das heißt, die Botschaft zu Garcia tragen! Es gibt diejenigen, die nie etwas tun, bevor man es ihnen nicht zweimal gesagt hat: Sie werden nicht geehrt und erhalten nur einen geringen Lohn. Dann gibt es diejenigen, die nur dann das Richtige tun, wenn die Not sie von hinten ergreift, und diese bekommen Gleichgültigkeit statt Ehrungen und einen Hungerlohn als Bezahlung. Diese Sorte verbringt die meiste Zeit damit, eine Bank mit einer unglücklichen Geschichte zu polieren. Noch weiter unten auf der Skala finden wir denjenigen, der nicht das Richtige tun will, selbst wenn jemand kommt, um ihm zu zeigen, wie es geht, und dafür sorgt, dass er es tut; er ist immer arbeitslos und erhält die Verachtung, die er verdient, es sei denn, er hat einen reichen Vater, in diesem Fall wartet das Schicksal mit einer gefüllten Keule in der Nähe. Zu welcher Klasse gehören Sie?

Das unsympathische Mädchen

Der berühmteste Dramatiker Englands, George Bernard Shaw, hat das, was er gerne "Das unangenehme Mädchen" nennt, an den Pranger gestellt.

Und er hat es mit einem Trockenplatten-Schnellverschlussverfahren auf eine Art und Weise getan, die ihn mit Sicherheit vor Gericht wegen Verleumdung haftbar macht.

Ich sage mit Bedacht "Gesellschaft", denn nur in der Gesellschaft kann das unangenehme Mädchen eine prominente Rolle spielen und den Mittelpunkt der Bühne einnehmen. Die Gesellschaft, im Sinne der Gesellschaft, ist auf Leere aufgebaut; ihre Gunst gilt jenen, die eine feine Fähigkeit zu verschwenden und zu konsumieren offenbaren. Diejenigen, die sich in die Ehrenliste der Gesellschaft eintragen wollen, müssen weder nützlich noch intelligent sein - sie müssen nur scheinen.

Und das gibt dem unsympathischen Mädchen ihre Chance. In der Pappschachtelfabrik müßte sie sich bewähren; Cluett, Coon & Co. verlangen Ergebnisse; die Bühne verlangt neben der Form wenigstens ein Mindestmaß an Intellekt, aber die

Gesellschaft verlangt nichts als Schein, und die Palme wird dem Palaver zugesprochen. Aber glauben Sie bitte nicht, dass das unangenehme Mädchen keinen Einfluss ausübt. Genau das ist der Punkt - ihr Einfluss ist so weitreichend in seiner Wirkung, dass George Bernard Shaw, der Querschnitte durch das Leben in Form von Dramen gibt, kein Stück schreiben und sie auslassen kann.

Sie ist immer bei uns, allgegenwärtig, allwissend und allgegenwärtig - das unangenehme Mädchen. Sie ist eine Enttäuschung für ihren Vater, eine Quelle der Demütigung für ihre Mutter, eine Plage für ihre Brüder und Schwestern, und wenn sie schließlich heiratet, schwächt sie langsam die Inspiration ihres Mannes und verwandelt sehr oft einen stolzen und ehrgeizigen Mann in einen schwachen und feigen Hund.

Nur in der Gesellschaft glänzt das Disagreeable Girl - überall sonst ist sie eine Versagerin. Das vielgepriesene Gibson Girl ist eine Art Luxusausgabe von Shaws Disagreeable Girl. Das Gibson Girl räkelt sich, faulenzt, schmollt, weint, gibt Widerworte, liegt auf der Lauer, träumt, isst, trinkt, schläft und gähnt. Sie fährt in einer Kutsche mit roter Jacke, spielt Golf in einem sekundärsexuellen Pullover, trödelt auf einer Hotelveranda und kann auf einem Klavier trommeln, aber man hört nie von ihr, dass sie etwas Nützliches tut oder etwas Kluges sagt. Sie spielt Bridge, wenn sie gewinnt, "behält" sie, wenn sie verliert, "schuldet" sie, und ihr Bild in schmeichelhaftem Halbton ziert oft eine Seite der Sunday Yellow.

Sie zeigt eine wunderbare Fähigkeit, jede nützliche Anstrengung zu vermeiden.

Gibson vergoldet das Disagreeable Girl.

Shaw malt sie so, wie sie ist.

Henrik Ibsen hat uns mit Nora Hebler ein unangenehmes Mädchen in reifem Alter geschenkt, das zweifellos zuerst George Bernard Shaw zum Nachdenken brachte. Als Shaw sich dann umschaute, sah er sie auf Schritt und Tritt, in jedem Stadium ihrer Motten- und Schmetterlingsexistenz.

Und da das unsympathische Mädchen überall zu finden ist, kann Shaw, der sich mit menschlichen Charakteren auskennt, kein Theaterstück schreiben und sie weglassen, genauso wenig wie der Künstler Turner ein Bild malen und den Menschen weglassen oder Paul Veronese eine Leinwand malen und den Hund weglassen könnte.

Das Disagreeable Girl ist ein weibliches Wesen der Gattung Homo persuasion mit einem Verdauungsapparat, der ausgeprägte Neigungen zu Marshmallows hat. Sie ist hübsch, hat eine Stupsnase, ist rosa, keck und poetisch; und auf den ersten Blick zeigt sie Anzeichen von Sanftmut und Intelligenz. Ihr Alter liegt zwischen achtzehn und achtundzwanzig Jahren. Mit achtundzwanzig beginnt sie, sich zu etwas anderem zu entwickeln, und ihre Fähigkeit, Schaden anzurichten, ist weitgehend eingeschränkt, denn zu diesem Zeitpunkt hat sich der Geist in ihre Gestalt und ihre Züge eingeschrieben, und die Grobheit und Animalität, die vorher verschleiert waren, treten zutage.

Die Gewohnheit schreibt sich auf das Gesicht, und der Körper ist eine automatische Aufzeichnungsmaschine.

Um ein schönes Alter zu haben, muss man eine schöne Jugend leben, denn wir selbst sind die Nachkommenschaft, und jeder Mensch ist sein eigener Vorfahre. Ich bin heute, was ich bin, weil ich gestern war, was ich war. Das unangenehme Mädchen ist immer hübsch, zumindest hat man uns gesagt, sie sei hübsch, und sie akzeptiert das Diktum voll und ganz.

Man hat ihr auch gesagt, dass sie klug ist, und sie glaubt das auch.

In Wirklichkeit ist sie nur "frech".

Das schöne Aufflackern der Jugend hat dazu geführt, dass der Sex überhand genommen hat, aber sie ist nicht "unmoralisch", außer in ihrem Kopf.

Sie ist vorsichtig bis an den Rand der Feigheit, und so ist sie ohne Tadel. In der Öffentlichkeit gibt sie vor, zierlich zu sein; aber allein oder mit denen, um deren Meinung sie sich nicht kümmert, ist sie grob, grob und sinnlich in allen Bereichen ihres Lebens. Sie isst zu viel, treibt zu wenig Sport und hält es für amüsant, sich von anderen bedienen zu lassen und Dinge für sie zu tun, die sie selbst tun sollte. Ihr Zimmer ist ein einziges Durcheinander. Der einzige Hoffnungsschimmer für sie besteht darin, dass sie aus Scham keinen Besucher in ihre Wohnung lässt, wenn sie es vermeiden kann. Konkreter Egoismus ist ihr Hauptmerkmal. Sie weicht der Verantwortung aus, drückt sich vor jeder Pflicht, die eine ehrliche Anstrengung erfordert, ist unehrlich, verschwiegen, träge und unehrlich.

"Was isst du da?", fragt Nora Heblers Mann, als sie den Raum betritt, ohne ihn zu erwarten.

"Nichts", lautet die Antwort, und sie versteckt die Bonbonschachtel hinter sich und geht schnell wieder aus dem Zimmer.

Ich denke, Herr Hebler hatte kein Recht, sie zu fragen, was sie gegessen hat - kein Mann sollte einer Frau eine solche Frage stellen, und eigentlich war es sowieso egal. Aber Nora ist immer in der Defensive und erfindet, wenn es nötig ist, und wenn nicht, einfach aus Gewohnheit. Sie versteckt einen Brief ihrer Großmutter so schnell und geschickt, als wäre es das Schreiben eines schuldbewussten Liebhabers. Die Gewohnheit ihres Lebens ist die des Verdachts, denn da sie selbst innerlich schuldig ist, verdächtigt sie jeden, obwohl es sehr wahrscheinlich ist, dass das Verbrechen bei ihr nie vom Gedanken zur Tat durchgedrungen ist. Nora durchwühlt die Taschen ihres Mannes, liest sein Notizbuch, prüft seine Briefe, und wenn er verreist, verbringt sie den ganzen Tag damit, seinen Schreibtisch zu überprüfen, denn ihre Seele freut sich über doppelte Schlüssel.

Manchmal lässt sie Andeutungen von Wissen über Kleinigkeiten fallen, die sie nichts angehen, nur um die Leute zu verwirren.

Sie tut seltsame, ärgerliche Dinge, nur um zu sehen, was andere tun.

In gewissem Maße hat Noras Ehemann das Laster der Raffinesse in ihrem Wesen verankert, denn selbst eine "gute" Frau pariert, wenn sie beschuldigt wird, mit einer List und gewinnt ihren Standpunkt durch die Kunst der bagnio. Frauen und Männer sind ohnehin nie wirklich weit voneinander entfernt, und Frauen sind weitgehend das, was Männer aus ihnen gemacht haben.

Wir alle sind gerade dabei, uns von unseren Fesseln zu befreien; hören Sie genau hin, überall, selbst unter ehrlichen und intellektuellen Menschen, wenn es solche gibt, und Sie können das Rasseln von Ketten hören.

Geist und Seele des unliebsamen Mädchens haben mit ihrem Körper nicht Schritt gehalten. Gestern war sie noch eine Sklavin, die auf einem tscherkessischen Markt verkauft wurde, und die Freiheit ist für sie so neu und fremd, dass sie mit ihrer Umgebung nicht vertraut ist und nicht weiß, was sie damit anfangen soll.

Die Tragödie, die sie bewirkt, besteht laut George Bernard Shaw darin, dass gute Männer, geblendet vom Glanz des Sex, sich oft einbilden, das unliebsame Mädchen zu lieben, während sie in Wirklichkeit ihr eigenes Ideal lieben - ein Bild, das in ihrem eigenen Kopf entstanden ist.

Die Natur ist sowohl ein Trickser als auch ein Humorist und setzt den Willen der Spezies immer über die Einsicht des Individuums. Der Picador muss seinem Pferd die Augen verbinden, um es in die Stierkampfarena zu bekommen, und ebenso macht Dan Cupid den Kurzsichtigen zu einem Zweck.

Nach allem, was wir wissen, war die schöne Beatrice von Dante nur ein unangenehmes Mädchen, gekleidet in die Phantasie eines Dichters und idealisiert von einem Träumer. Dante hatte das Glück, dass er sie in der Ferne anbetete, dass er sie nie gut genug kannte, um sich nicht täuschen zu lassen, und so ging er verliebt in die Liebe durchs Leben, empfindsam, heilig, süß traurig und göttlich glücklich in seiner Melancholie.

Der Neutrale

Mir ist ein bekanntes Geschäftshaus bekannt, das sich gerade durch seine Geradlinigkeit und seinen Wert die Feindschaft vieler Konkurrenten zugezogen hat. In der Tat gibt es eine allgemeine Verschwörung, die darauf abzielt, die Institution zu Fall zu bringen und zu vernichten. Als ich mich mit einem jungen Mann unterhielt, der bei diesem Haus beschäftigt ist, gähnte er und sagte: "Oh, in diesem Streit bin ich neutral."

"Aber Sie verdienen Ihren Lebensunterhalt mit dieser Firma, und ich verstehe nicht, wie Sie in einer Angelegenheit, in der es um das Leben der Institution geht, neutral sein können."

Und er wechselte das Thema.

Ich denke, wenn ich in die japanische Armee eintreten würde, wäre ich nicht neutral.

Die Wirtschaft ist ein Kampf - ein ständiger Kampf - genau wie das Leben. Der Mensch hat seine heutige Entwicklungsstufe durch Kampf erreicht. Kämpfe muss es geben und wird es immer geben. Am Anfang war der Kampf rein physisch; mit der Entwicklung des Menschen verlagerte er sich auf das Mentale, Psychische und Spirituelle, wobei noch ein paar Spritzer höhlenmenschlicher

Neigungen übrig blieben. Aber verlassen Sie sich darauf, der Kampf wird immer sein - das Leben ist Aktivität. Und wenn es zu einem Kampf im guten Tun wird, wird es immer noch ein Kampf sein. Wenn die Trägheit die Oberhand gewinnt, ist es an der Zeit, den Bestatter anzurufen.

Der einzige echte Neutrale in diesem Spiel des Lebens ist ein Toter.

Ewige Wachsamkeit ist nicht nur der Preis für die Freiheit, sondern auch für jedes andere Gut.

Ein Unternehmen, das nicht von allen Seiten von aktiven, aufmerksamen und wachsamen Menschen geschützt wird, ist verloren. So wie Sauerstoff das zersetzende Prinzip des Lebens ist, das Tag und Nacht arbeitet, um sich aufzulösen, zu trennen, auseinanderzuziehen und zu zerstreuen, so gibt es auch im Geschäftsleben etwas, das ständig dazu neigt, zu zerstreuen, zu zerstören und den Besitz von diesem auf jenen zu übertragen. Eine Million Mäuse knabbern unaufhörlich an jedem Geschäftsvorhaben.

Die Mäuse sind nicht neutral, und wenn genügend Mitarbeiter in einem Unternehmen neutral sind, wird ihnen der ganze Konzern irgendwann um die Ohren fliegen.

Mir gefällt der Befehl von Feldmarschall Oyama: "Gib jedem ehrenwerten Neutralen, den du in unseren Reihen findest, das ehrenwerte Jiu-Jitsu Hikerino."

Überlegungen zum Fortschritt

Renan hat gesagt, dass die Wahrheit immer abgelehnt wird, wenn sie zum ersten Mal zu einem Menschen kommt, wobei ihre Entwicklung wie folgt verläuft:

Erstens sagen wir, dass es sich um reine Ketzerei handelt, die im Widerspruch zur Bibel steht.

Zweitens sagen wir, dass die Angelegenheit im Grunde genommen ohnehin keine Rolle spielt.

Drittens erklären wir, dass wir immer daran geglaubt haben.

Vor zweihundert Jahren waren Partnerschaften in der Wirtschaft sehr selten. Ein Geschäftsmann stellte einfach Dinge her und verkaufte sie - und die gesamte Produktion wurde von ihm und seiner unmittelbaren Familie durchgeführt. Bald finden wir Beispiele von Brüdern, die die Arbeit des Vaters fortsetzten, wie im Fall der Elzevirs und der Plantins, den großen Buchmachern Hollands. Um dieser Konkurrenz zu begegnen, schlossen sich 1640 vier Drucker zu einer Partnerschaft zusammen und bündelten ihre Kräfte. Ein lokaler Schriftsteller namens Van Krugen prangerte diese vier Männer an und griff Partnerschaften im Allgemeinen scharf an, da sie verrucht und illegal seien und den Interessen des Volkes zuwiderliefen. Diese Ansicht scheint allgemein verbreitet gewesen zu sein, denn in Amsterdam gab es ein Gesetz, das alle nicht staatlich zugelassenen Geschäftspartnerschaften verbot. Die Legislative des Staates Missouri hat vor kurzem dem Kaufhaus auf die gleiche Weise den Kampf angesagt und dabei das alte Van-Krugen-Argument als Grund angeführt, denn auf Dummheit gibt es kein Copyright.

Jahrhundert wurden in London Männer, die sich der Zusammenlegung ihrer Arbeit und der Aufteilung des Gewinns schuldig gemacht hatten, gerichtlich verurteilt und wegen "Contumacy, Contravention and connivance" bestraft und auf dem öffentlichen Platz an den Pranger gestellt.

Als vor einigen Jahren zum ersten Mal Aktiengesellschaften gegründet wurden, gab es einen großen Aufschrei der Ablehnung. Die Aktiengesellschaft wurde zu einem Schema der Unterdrückung, einer hungrigen Krake, einem Zermahler des Individuums erklärt. Und um das zu beweisen, wurden verschiedene Härtefälle angeführt; und zweifellos gab es viel Leid, denn viele Menschen sind nie in der Lage, sich an neue Bedingungen anzupassen, ohne Schmerz und Bedauern zu empfinden.

Aber wir glauben heute, dass Unternehmen entstanden sind, weil sie gebraucht wurden. Bestimmte Dinge verlangten die Zeiten, und kein Mann, keine zwei oder drei Männer konnten diese Aufgaben allein erfüllen - daher die Aktiengesellschaft. Der Aufstieg Englands zu einer Industrienation begann mit dem Plan der Aktiengesellschaft.

Der Zusammenschluss unter dem Namen Aktiengesellschaft war, wie heute jeder zugeben wird, absolut notwendig, um den Maschinenpark, d. h. die Werkzeuge, das Rohmaterial und die Gebäude, zu sichern und die Dauerhaftigkeit des Unternehmens zu gewährleisten.

Das Eisenbahnsystem Amerikas hat dieses Land aufgebaut - auf dieser Sache der Aktiengesellschaften und des Transports beruht unser Wohlstand. "Der Handel besteht darin, Dinge von dort, wo sie reichlich vorhanden sind, dorthin zu bringen, wo sie gebraucht werden", sagt Emerson.

In diesem Land gibt es zehn Kapitalkombinationen, die jeweils mehr als sechstausend Meilen an Eisenbahnstrecken kontrollieren. Diese

Unternehmen haben eine große Anzahl kleinerer Strecken übernommen, und es wurden viele Verbindungsstrecken gebaut. Der Wettbewerb in weiten Teilen des Landes wurde praktisch ausgelöscht, und dies geschah so unauffällig, dass nur wenige Menschen von der Veränderung Notiz nehmen. Nur ein einziges allgemeines Ergebnis dieser Konsolidierung des Managements ist spürbar, und das ist ein besserer Service bei geringeren Kosten. Kein Kapitän eines großen Industrieunternehmens wagt es heute zu sagen: "Die Öffentlichkeit sei verdammt", selbst wenn er es jemals gesagt hat - was ich sehr bezweifle. Der Weg zum Erfolg liegt darin, der Öffentlichkeit zu dienen, nicht darin, sie zu brüskieren. Auf keine andere Weise ist Erfolg möglich, und diese Wahrheit ist so klar und offensichtlich, dass selbst sehr einfache Leute sie erkennen können. Man kann sich nur selbst helfen, indem man anderen hilft.

Als P. T. Barnum vor dreißig Jahren sagte: "Das Publikum lässt sich gerne täuschen", wusste er, dass das nicht stimmte, denn er hat nie versucht, dieses Axiom in die Praxis umzusetzen. Er amüsierte das Publikum, indem er ihm eine Lüge erzählte, aber P. T. Barnum hat nie etwas so Riskantes wie eine Täuschung versucht. Selbst wenn er gelogen hat, wurden wir nicht getäuscht; die Wahrheit kann auch indirekt gesagt werden. "Wenn meine Liebe mir sagt, dass sie aus Wahrheit besteht, glaube ich ihr, obwohl ich weiß, dass sie lügt." Barnum gab immer mehr, als er ankündigte, und indem er immer wieder dasselbe Gebiet betrat, amüsierte und belehrte er das Publikum fast vierzig Jahre lang.

Diese Tendenz zur Zusammenarbeit zeigt sich zum Beispiel in so großartigen Einrichtungen wie der Saint Louis Union Station, wo gerade zwanzig große Eisenbahngesellschaften Neid, Vorurteile, Rivalität und Launen beiseite lassen und ein einziges Terminal benutzen. Wenn der Wettbewerb wirklich das Leben des Handels wäre, hätte jede Eisenbahngesellschaft, die in Saint Louis einfährt, einen eigenen Bahnhof, und die Öffentlichkeit müsste sich Sorgen, Mühe, Kosten und endlose Verzögerungen machen, um herauszufinden, wohin sie will und wie sie dorthin kommt. So wie es jetzt ist, besteht das gesamte Ziel und der Zweck des Plans darin, Reibungen, Sorgen und Kosten zu verringern und der Öffentlichkeit die größtmögliche Unterkunft - den bestmöglichen Service - zu bieten, um das Reisen einfach und das Leben sicher zu machen. Uniformierte Bedienstete nehmen Sie beim Aussteigen in Empfang, beantworten alle Ihre Fragen und begleiten Sie höflich und freundlich auf Ihrem Weg. Es gibt Frauen, die sich um die Frauen kümmern, und Krankenschwestern, die sich um die Kinder kümmern, und Rollstühle für gebrechliche oder lahme Personen. Die Absicht ist, Ihnen zu dienen - nicht, Sie in diese oder jene Richtung zu ziehen und Ihnen ein Ticket für eine bestimmte Strecke zu verkaufen. Es steht Ihnen frei, Ihren Weg zu wählen und diese großartige Einrichtung, die eine Million Dollar gekostet hat und deren Unterhalt die Anwesenheit von zweihundert Personen erfordert, als Ihre eigene zu nutzen. Alles ist für Sie da. Es ist für die Öffentlichkeit und wurde nur durch eine Einheit von Ziel und Wunsch möglich gemacht - das heißt durch Zusammenarbeit. Bevor es zur Zusammenarbeit kommt, gibt es immer einen Wettbewerb, der bis zu einem Punkt getrieben wird, an dem Zerstörung droht und Chaos verheißt; dann, um den Ruin abzuwenden, ersinnen die Menschen einen besseren Weg, einen Plan, der konserviert und spart, und siehe da, er findet sich in der Zusammenarbeit.

Die Zivilisation ist eine Evolution.

Die Zivilisation ist ebenso wenig etwas Eigenständiges, wie es die Kunst ist.

Kunst ist die schöne Art, Dinge zu tun. Zivilisation ist die zügige Art, Dinge zu tun. Und da Eile oft Verschwendung ist - je mehr Eile, desto weniger Geschwindigkeit - ist Zivilisation die beste Art, Dinge zu tun.

Da sich die Menschheit immer mehr vervielfältigt, ist das Problem der Versorgung der Menschen mit dem, was sie brauchen, die wichtigste Frage der Erde. Und die Menschheit hat denjenigen, die sie mit besseren Dingen versorgen, immer eine Belohnung in Form von Ruhm und Geld in Aussicht gestellt - beides sind Formen der Macht.

Lehrer sind diejenigen, die die Menschen dazu erziehen, die Dinge zu schätzen, die sie brauchen.

Der Mann, der die Menschheit studiert und herausfindet, was die Menschen wirklich wollen, und ihnen dies dann liefert, sei es eine Idee oder eine Sache, ist der Mann, der mit dem Lorbeerkranz der Ehre gekrönt und mit Reichtümern bekleidet wird.

Was Menschen brauchen und was sie wollen, kann sehr unterschiedlich sein.

Wer den Menschen etwas anbietet, von dem er glaubt, dass sie es brauchen, es aber nicht wollen, dessen Kopf wird auf einen Spieß gesteckt, und seine Knochen werden in Potter's Field vergraben.

Doch warte, die Welt wird das, was sie braucht, noch wollen, und deine Knochen werden dann zu heiligen Reliquien.

Dieses veränderte Verlangen der Menschen ist das Ergebnis des Wachstums des Intellekts.

Es ist Fortschritt, und Fortschritt ist Evolution, und Evolution ist Fortschritt.

Es gibt Menschen, die ständig versuchen, den Fortschritt voranzutreiben: Wir nennen diese Personen "Reformer".

Dann gibt es andere, die sich immer gegen den Reformer stellen - die mildeste Bezeichnung, die wir für sie haben, ist "konservativ".

Der Reformer ist entweder ein Retter oder ein Rebell, je nachdem, ob er Erfolg hat oder scheitert, und je nachdem, was man von ihm hält. Er ist, was er ist, unabhängig davon, was andere Menschen von ihm denken. Ein Mann, der als Rebell angeklagt und hingerichtet wird, hat später oft das Wort "Retter" auf seinem Grab eingemeißelt; und manchmal erweisen sich Männer, die zu ihrer Zeit als Retter gefeiert werden, später als Schein-Retter - also als Scharlatane. Bewahrung ist ein

Plan der Natur. Das Gute zu bewahren, heißt zu bewahren. Ein Konservativer ist ein Mann, der auf die Bremse tritt, wenn er glaubt, dass der Fortschritt die Zivilisation in den Abgrund reißt und das ganze Unternehmen in den Ruin treibt.

Bremser sind notwendig, aber in der Sprache von Koheleth gibt es eine Zeit, die Bremse zu betätigen, und eine Zeit, die Bremse nicht zu betätigen. Ständig die Räder zu blockieren, bedeutet Stillstand, und Stillstand bedeutet Rückschritt. Der Fortschritt braucht den Bremser, aber der Bremser sollte nicht seine ganze Zeit mit dem Anziehen der Bremsen verbringen.

Der Konservative ist ebenso notwendig wie der Radikale. Der Konservative bewahrt den Reformer davor, zu schnell zu handeln und die Früchte zu pflücken, bevor sie reif sind. Regierungen sind nur dort gut, wo es eine starke Opposition gibt, so wie die Planeten durch die Opposition der Kräfte an ihrem Platz gehalten werden. Und so schreitet die Zivilisation durch Stopps und Starts voran - angetrieben von den Reformern und zurückgehalten von den Konservativen. Das eine ist für das andere notwendig, und sie wechseln oft die Plätze. Aber vorwärts und vorwärts geht die Zivilisation immer - auf der Suche nach dem besten Weg, die Dinge zu tun.

In der Wirtschaft gab es die Einzelperson, die Partnerschaft, die Gesellschaft und jetzt den Trust.

Der Trust ist einfach eine Partnerschaft von Unternehmen. Das Ganze ist eine Evolution - eine Bewegung nach vorn. Es ist alles für den Menschen und es wird alles vom Menschen gemacht. Es geschieht alles mit der Zustimmung, ja, mit der Billigung des Menschen.

Die Trusts wurden vom Volk geschaffen, und das Volk kann und wird sie wieder auflösen, sollten sie sich jemals als Motor der Unterdrückung erweisen. Sie existieren nur bei guter Führung, und wie die Menschen leben sie unter einem Todesurteil, das auf unbestimmte Zeit begnadigt wird.

Die Trusts sind eine gute Sache, weil sie Energie einsparen. Sie verhindern die Verschwendung, erhöhen die Produktion und machen eine Panik praktisch unmöglich.

Die Trusts sind da, trotz der Männer, die meinen, sie hätten sie ins Leben gerufen, und trotz der Reformer, die konservativ wurden und sich ihnen widersetzten.

Der nächste Schritt der Evolution wird das Zeitalter des Sozialismus sein. Sozialismus bedeutet den Betrieb aller Industrien durch das Volk und für das Volk. Sozialismus ist Kooperation statt Konkurrenz. Der Wettbewerb war so allgemein, dass die Ökonomen ihn fälschlicherweise für ein Naturgesetz hielten, obwohl er nur eine Begleiterscheinung war.

Der Wettbewerb ist ebenso wenig ein Naturgesetz wie der Hass. Der Hass wurde einst so sehr geglaubt, dass wir ihm eine Persönlichkeit gaben und ihn den Teufel nannten.

Wir haben den Teufel verbannt, indem wir den Menschen beigebracht haben, dass derjenige, der arbeitet, keine Zeit zum Hassen hat und sich nicht zu fürchten braucht, und mit demselben Mittel, der Bildung, werden die Menschen auf das Zeitalter des Sozialismus vorbereitet.

Die Trusts bereiten jetzt alles für den Sozialismus vor.

Der Sozialismus ist eine Treuhandgesellschaft der Treuhandgesellschaften.

Die Menschheit wächst an Verstand, an Geduld, an Freundlichkeit - an Liebe. Und wenn die Zeit reif ist, werden die Menschen eintreten und friedlich Besitz von den ihren ergreifen, und die Kooperative Gemeinschaft wird jedem das Seine geben.

Einfühlungsvermögen, Wissen und Gelassenheit

Sympathie, Wissen und Gelassenheit scheinen die drei Zutaten zu sein, die man am meisten braucht, um den Gentleman zu formen. Ich ordne diese Elemente nach ihrem Wert ein. Kein Mensch ist groß, der nicht auch Sympathie hat, und die Größe der Menschen kann sicher an ihrer Sympathie gemessen werden. Sympathie und Phantasie sind Zwillingsschwestern. Dein Herz muss allen Menschen gelten, den hohen, den niedrigen, den reichen, den armen, den gelehrten, den ungelehrten, den guten, den schlechten, den klugen und den törichten - es ist notwendig, mit ihnen allen eins zu sein, sonst kannst du sie nie verstehen. Sympathie! Sie ist der Prüfstein für jedes Geheimnis, der Schlüssel zu allem Wissen, der offene Sesam für alle Herzen. Versetze dich in den anderen hinein, und du wirst wissen, warum er bestimmte Dinge denkt und bestimmte Taten vollbringt. Versetzen Sie sich in seine Lage, und Ihr Tadel wird sich in Mitleid auflösen, und Ihre Tränen werden die Aufzeichnungen über seine Untaten auslöschen. Die Retter der Welt waren einfach Menschen mit wundersamem Mitgefühl.

Aber Wissen muss mit Sympathie einhergehen, sonst werden die Gefühle rührselig, und Mitleid wird vielleicht an einen Pudel statt an ein Kind verschwendet, an eine Feldmaus statt an eine menschliche Seele. Wissen im Gebrauch ist Weisheit, und Weisheit impliziert einen Sinn für Werte - man kann eine große Sache von einer kleinen unterscheiden, eine wertvolle Tatsache von einer trivialen. Tragödie und Komödie sind einfach Fragen des Wertes: ein kleiner Fehler im Leben bringt uns zum Lachen, ein großer ist eine Tragödie und ein Grund, Trauer zu empfinden.

Gelassenheit ist die Stärke des Körpers und die Stärke des Geistes, um Ihre Sympathie und Ihr Wissen zu kontrollieren. Wenn du deine Emotionen nicht unter Kontrolle hast, werden sie überhand nehmen und du stehst im Sumpf. Das Mitgefühl darf nicht überhand nehmen, sonst ist es wertlos und zeugt von Schwäche statt von Stärke. In jedem Krankenhaus für nervöse Störungen finden sich viele Fälle dieses Kontrollverlustes. Der Einzelne hat Sympathie, aber keine Haltung, und deshalb ist sein Leben für ihn selbst und für die Welt wertlos.

Er symbolisiert Ineffizienz und nicht Hilfsbereitschaft. Gelassenheit zeigt sich mehr in der Stimme als in Worten, mehr im Denken als im

Handeln, mehr in der Atmosphäre als im bewussten Leben. Sie ist eine geistige Qualität und wird mehr gefühlt als gesehen. Es ist keine Frage der körperlichen Größe, der Haltung, der Kleidung oder des persönlichen Aussehens: Es ist ein Zustand des inneren Seins und des Wissens, dass deine Sache gerecht ist. Ihr seht also, es ist ein großes und tiefes Thema, groß in seinen Verästelungen, grenzenlos in seiner Ausdehnung, es beinhaltet die gesamte Wissenschaft des richtigen Lebens. Ich bin einmal einem Mann begegnet, der körperlich missgebildet und kaum mehr als ein Zwerg war, der aber eine solche geistige Schwerkraft - eine solche Haltung - besaß, dass man, wenn man einen Raum betrat, in dem er sich aufhielt, seine Gegenwart spürte und seine Überlegenheit anerkannte. Wenn man zulässt, dass die Sympathie an unwürdige Objekte verschwendet wird, erschöpft man seine Lebenskräfte. Zu bewahren ist der Teil der Weisheit, und Zurückhaltung ist ein notwendiges Element in jeder guten Literatur, wie auch in allem anderen.

Haltung ist die Kontrolle unserer Sympathie und unseres Wissens und setzt den Besitz dieser Eigenschaften voraus, denn ohne Sympathie und Wissen kann man nur seinen physischen Körper kontrollieren. Die Haltung als bloße gymnastische

Übung oder als Studium der Etikette zu praktizieren, bedeutet, selbstbewusst, steif, absurd und lächerlich zu sein. Diejenigen, die vor dem Himmel so phantastische Kunststücke vollführen, dass die Engel weinen, sind Menschen, denen es an Sympathie und Wissen mangelt, wenn sie versuchen, Haltung zu kultivieren. Ihre Wissenschaft ist eine bloße Frage, was man mit Armen und Beinen macht. Haltung ist eine Frage des Geistes, der das Fleisch kontrolliert, des Herzens, das die Einstellung kontrolliert.

Erlangt Wissen, indem ihr euch der Natur nähert. Der Mensch ist der Größte, der seiner Art am besten dient. Sympathie und Wissen sind zum Gebrauch da - du erwirbst, um zu verteilen; du sammelst, um zu verschenken. Und da Gott dir die erhabenen Segnungen der Sympathie und des Wissens gegeben hat, wird in dir der Wunsch aufkommen, deine Dankbarkeit zu offenbaren, indem du sie wieder weitergibst; denn der weise Mensch weiß, dass wir geistige Qualitäten nur behalten, wenn wir sie weitergeben. Lass dein Licht leuchten. Dem, der hat, wird gegeben werden. Die Ausübung der Weisheit bringt Weisheit; und schließlich wird die unbedeutende Menge des menschlichen Wissens, verglichen mit dem Unendlichen, und die Kleinheit der menschlichen Sympathie, verglichen mit der Quelle, aus der unsere absorbiert wird, eine Verleugnung und eine Demut entwickeln, die eine perfekte Haltung verleihen wird. Der Gentleman ist ein Mensch mit vollkommener Sympathie, Wissen und Haltung.

Liebe und Glaube

Keine Frau ist würdig, eine Ehefrau zu sein, die am Tag ihrer Heirat nicht absolut und vollständig in einer Atmosphäre der Liebe und des vollkommenen Vertrauens versunken ist; die höchste Heiligkeit der Beziehung ist das Einzige, was zu diesem Zeitpunkt ihre Seele besitzen sollte. Ist sie eine Kupplerin, dass sie verhandeln sollte?

Frauen sollten Männern nicht "gehorchen", genauso wenig wie Männer Frauen gehorchen sollten. Es gibt sechs Voraussetzungen für jede glückliche Ehe; die erste ist der Glaube, und die übrigen fünf sind das Vertrauen. Nichts schmeichelt einem Mann so sehr, wie wenn eine Frau an ihn glaubt - nichts erfreut eine Frau so sehr, wie wenn ein Mann ihr Vertrauen schenkt.

Gehorchen? Gott steh mir bei! Ja, wenn ich eine Frau lieben würde, wäre es mein ganzer Herzenswunsch, ihrem geringsten Wunsch zu gehorchen. Und wie könnte ich sie lieben, wenn ich nicht das vollkommene Vertrauen hätte, dass sie nur nach dem Schönen, Wahren und Richtigen streben würde? Und um ihr die Verwirklichung dieses Ideals zu ermöglichen, wäre ihr Wunsch für mich ein heiliges Gebot; und ich weiß, dass ihre

Geisteshaltung mir gegenüber die gleiche wäre. Und die einzige Rivalität zwischen uns würde darin bestehen, wer am meisten lieben könnte; und der Wunsch zu gehorchen wäre der einzige beherrschende Impuls unseres Lebens.

Wir gewinnen die Freiheit, indem wir sie geben, und derjenige, der den Glauben schenkt, bekommt ihn mit Zinsen zurück. In der Liebe zu verhandeln und zu vereinbaren bedeutet, zu verlieren.

Die Frau, die die Trauung abbricht und den Pfarrer bittet, das Wort "gehorchen" wegzulassen, sät den ersten Samen des Zweifels und des Misstrauens, der später vor dem Scheidungsgericht Früchte tragen kann.

Das Gefeilsche und Gezänk um Abfindungen und Mitgift, das in der Regel der Hochzeit von "Blut" und "Dollar" vorausgeht, sind die ungehörten Warnungen, dass Elend, Herzschmerz, Leid und Schande auf die Auftraggeber warten.

Vollkommener Glaube setzt vollkommene Liebe voraus; und vollkommene Liebe vertreibt die Furcht. Es ist immer die Furcht vor Aufdringlichkeit und die lauernde Absicht zu herrschen, die die Frau dazu bringt, um ein Wort zu feilschen - es ist die Abwesenheit von Liebe, eine Einschränkung, ein Unvermögen. Der Preis für eine vollkommene Liebe ist eine absolute und vollständige Hingabe.

Wenn ihr einen Teil des Preises zurückhaltet, wird euch das Schicksal von Ananias und Sapphira ereilen. Euer Untergang ist schnell und sicher. Um alles zu gewinnen, müssen wir alles geben.

Etwas für nichts geben

Einem Menschen etwas umsonst zu geben, führt dazu, dass er mit sich selbst unzufrieden ist.

Ihre Feinde sind diejenigen, denen Sie geholfen haben.

Und wenn ein Mensch mit sich selbst unzufrieden ist, ist er mit der ganzen Welt unzufrieden - und mit Ihnen.

Der Streit eines Menschen mit der Welt ist nur ein Streit mit sich selbst. Aber die Neigung, die Schuld auf andere zu schieben und sich selbst zu loben, ist so stark, dass wir, wenn wir unglücklich sind, sagen, es sei die Schuld dieser Frau oder jenes Mannes. Besonders Frauen schreiben ihr Unglück jenem Mann zu.

Und oft ist das Problem, dass er ihr zu viel für nichts gegeben hat.

Diese Wahrheit ist eine umkehrbare, rückwirkende Wahrheit, die durch den Gebrauch gut geschmiert ist und in beide Richtungen funktioniert - je nachdem.

Niemand außer einem Bettler hat wirklich klare Vorstellungen von seinen Rechten. Menschen, die viel geben - die viel lieben - feilschen nicht.

Diese Form der Zuneigung, die scharfe Verhandlungen antreibt und Forderungen stellt, erhält einen Scheck auf die Bank, auf der kein Guthaben vorhanden ist.

Es gibt nichts Kostspieligeres als etwas, das man umsonst bekommt.

Mein Freund Tom Lowry, Magnate in Ordinary, aus Minneapolis und von der Ostseite der Wall Street, hat kürzlich eine kleine Erfahrung gemacht, die meinen Standpunkt bestätigt.

Ein stämmiger Bettler, ein Exemplar verkommener Vornehmheit, suchte Tammas einmal mit einer unglücklichen Geschichte und einer Familienbibel auf und bat um ein kleines Darlehen für das Gute Buch.

Der Zwang, die Familienbibel zu tränken, würde sicherlich das Herz aus Gneis schmelzen lassen!

Tom war geschmolzen.

Tom gewährte den Kredit, lehnte aber die Sicherheiten mit der Begründung ab, er habe keine Verwendung für sie.

Das war ausnahmsweise Gottes Wahrheit.

Nach ein paar Wochen kam der Mann zurück und versuchte, Tom seine unglückliche Geschichte über die kalte Undankbarkeit einer grausamen Welt zu erzählen.

Tom sagte: "Ersparen Sie mir die langsame Musik und den Vortrag - ich habe meine eigenen Probleme. Ich brauche Fröhlichkeit und gute Laune - nimm diesen Dollar, und Friede sei mit dir."

"Friede sei mit dir", sagte der Bettler und ging fort. Im nächsten Monat kehrte der Mann zurück und begann, Tom eine Geschichte von Grausamkeit, Ungerechtigkeit und Undankbarkeit zu erzählen.

Tom war verärgert - er hatte seine Magnatengeschäfte zu erledigen - und machte eine kursive Bemerkung. Der Bettler sagte: "Mr. Lowry, wenn Sie Ihre Geschäfte ein wenig besser systematisiert hätten, müsste ich Sie nicht persönlich belästigen - warum sprechen Sie nicht einfach mit Ihrem Kassierer?" Und der große Mann, der einmal mit einer Gruppe von Freunden eine Spritztour gemacht und aus Gewohnheit von jedem Gast fünf Cent kassiert hatte, war so erfreut über den Gedanken der Erleichterung, dass er auf den Buzzer drückte. Der Kassierer kam, und Tom sagte: "Setzen Sie diesen Grabheimer auf Ihre Gehaltsliste, geben Sie ihm jetzt zwei Dollar und den gleichen Betrag am Ersten eines jeden Monats."

Dann wandte sich Tom an den Bettler und sagte: "Und jetzt raus hier - schnell, vamose, wandere - und sei verdammt zu dir!"

"Das Gleiche gilt für Sie und viele andere", sagte seine Effluvia höflich und zog sich zurück.

All dies geschah vor zwei Jahren. Der Bettler bekam ein Jahr lang regelmäßig sein Geld, und dann fand Tom bei der Rechnungsprüfung den Namen auf der Gehaltsliste, und da er sich nicht erinnern konnte, wie der Name dorthin gekommen war, dachte er zunächst, die Gehaltsliste sei gefälscht. Jedenfalls ordnete er an, den Namen des Bettlers von der Liste zu streichen, und der Fahrstuhlführer wurde angewiesen, das Edikt gegen Bettler durchzusetzen.

Da der Bettler seinen Mann nicht sehen durfte, schrieb er ihm Briefe, in denen er ihn anprangerte, beschimpfte, beleidigte und bedrohte. Schließlich legte der Bettler die Angelegenheit einem beleibten Juristen namens Jaggers von der Kanzlei Jaggers & Jaggers vor, der den Fall gegen ein Erfolgshonorar übernahm.

Der Fall kam zur Verhandlung, und Jaggers bewies seinen Fall se offendo-argal: Aus den

Büchern des Angeklagten ging hervor, dass His Bacteria auf der Gehaltsliste stand und sein Name ohne Anregung, Antrag, Ursache, Grund oder Schuld von ihm gestrichen worden war.

Sein Krabbenschiff bewies den Vertrag, und Tom bekam ihn im Mazzard. Urteil für den Kläger, mit Kosten. Der Bettler bekam das Geld und Minneapolis Tom bekam die Erfahrung. Tom sagte, der Mann würde das Geld verlieren, aber er selbst hat den Teil bekommen, der ihm für neunundneunzig Jahre gehören wird. Sicherlich schläft der Geist der Gerechtigkeit nicht, und es gibt eine gütige und weise Vorsehung, die über Magnaten wacht.

Arbeit und Abfall

Diese Wahrheiten betrachte ich als selbstverständlich: Dass der Mensch geschaffen wurde, um glücklich zu sein; dass Glück nur durch nützliche Anstrengung erreicht werden kann; dass der beste Weg, uns selbst zu helfen, darin besteht, anderen zu helfen, und dass der beste Weg, anderen zu helfen, oft darin besteht, uns um unsere eigenen Angelegenheiten zu kümmern; dass nützliche Anstrengung die richtige Ausübung aller unserer Fähigkeiten bedeutet; dass wir nur durch Übung wachsen; dass die Erziehung das ganze Leben hindurch fortgesetzt werden sollte und dass die Freuden der geistigen Anstrengung vor allem der Trost der Alten sein sollten; dass dort, wo die Menschen Arbeit, Spiel und Studium in rechtem Verhältnis abwechseln, die Organe des Geistes als letzte versagen, und dass der Tod für solche keine Schrecken hat.

Dass der Besitz von Reichtum einen Menschen niemals von nützlicher manueller Arbeit befreien kann; dass, wenn alle ein wenig arbeiten würden, niemand überarbeitet wäre; dass, wenn niemand verschwenden würde, alle genug hätten; dass, wenn niemand überfüttert wäre, niemand unterfüttert wäre; dass die Reichen und "Gebildeten" genauso viel Bildung brauchen wie die Armen und Analphabeten; dass das Vorhandensein einer dienenden Klasse eine Anklage und eine Schande für unsere Zivilisation ist; dass der Nachteil einer dienenden Klasse vor allem diejenigen trifft, die bedient werden, und nicht diejenigen, die dienen - so wie der wahre Fluch der Sklaverei die Sklavenhalter traf.

Dass Menschen, die von einer dienenden Klasse bedient werden, keine rechte Rücksicht auf die Rechte anderer nehmen können und sowohl Zeit als auch Substanz verschwenden, die beide für immer verloren sind und scheinbar nur durch zusätzliche menschliche Anstrengung wiedergutgemacht werden können.

Dass derjenige, der von der Arbeit anderer lebt, ohne sich selbst nach besten Kräften zu revanchieren, in Wirklichkeit ein Konsument menschlichen Lebens ist und daher nicht besser als ein Kannibale zu betrachten ist.

Dass jeder Lebende von Natur aus das tut, was er am besten kann, dass es aber im nützlichen Dienst weder ein Hoch noch ein Tief gibt.

Einen von sieben Tagen als "heilig" zu bezeichnen, ist wirklich absurd und dient nur dazu,

134

unseren Blick für die konkrete Gegenwart zu verlieren.

Dass alle Pflichten, Ämter und Dinge, die für
die Menschheit nützlich und notwendig sind,
heilig sind, und dass nichts anderes heilig ist oder
sein kann.

Das Gesetz des Gehorsams

Der allererste Punkt im Credo des gesunden Menschenverstandes ist der Gehorsam.

Führen Sie Ihre Arbeit mit ganzem Herzen aus.

Revolte mag manchmal notwendig sein, aber der Mensch, der versucht, Revolte und Gehorsam zu mischen, ist dazu verdammt, sich selbst und alle, mit denen er zu tun hat, zu enttäuschen. Die Arbeit mit Protest zu würzen, bedeutet, absolut zu versagen.

Wenn du dich auflehnst, warum auflehnen - klettern, wandern, aussteigen, trotzen - allen und allem sagen, dass sie zur Hölle fahren sollen! Damit ist der Fall erledigt. So trennst du dich vollständig von denen, denen du gedient hast - niemand missversteht dich - du hast dich erklärt.

Der Mann, der angewidert aufgibt, wenn ihm eine Aufgabe befohlen wird, die er als niederträchtig oder ungerecht empfindet, mag ein ziemlich guter Kerl sein, aber in der falschen Umgebung, aber der Unzufriedene, der Ihren Befehl mit einem Lächeln entgegennimmt und dann heimlich nicht gehorcht, ist eine gefährliche Sache. Wer vorgibt, zu gehorchen, und doch den Geist der Revolte im Herzen trägt, leistet halbherzige, schlampige Arbeit. Wenn Revolte und Gehorsam gleich stark sind, bleibt Ihr Motor in der Mitte stehen, und Sie nützen niemandem, nicht einmal sich selbst.

Der Geist des Gehorsams ist der kontrollierende Impuls, der den aufnahmebereiten Verstand und das gastfreundliche Herz beherrscht. Es gibt Boote, die auf das Ruder achten, und es gibt Boote, die das nicht tun. Diejenigen, die das nicht tun, bekommen früher oder später Löcher in den Bauch.

Um sich von den Felsen fernzuhalten, muss man dem Ruder gehorchen.

Gehorsam bedeutet nicht, diesem oder jenem sklavisch zu gehorchen, sondern es ist jener heitere Geisteszustand, der auf die Notwendigkeit der Sache reagiert und die Sache ohne Widerrede - unausgesprochen oder ausgesprochen - tut.

Gehorsam gegenüber der Institution - Loyalität! Der Mensch, der nicht gelernt hat, zu gehorchen, hat auf Schritt und Tritt Schwierigkeiten vor sich. Die Welt hat es ständig mit ihm zu tun, weil er es mit der Welt zu tun hat.

Wer nicht weiß, wie man Befehle empfängt, ist nicht in der Lage, sie anderen zu erteilen. Wer aber weiß, wie man die ihm erteilten Befehle ausführt, bereitet den Weg, um Befehle zu erteilen, und noch besser, um sie zu befolgen.

Die Retter der Gesellschaft

Zu allen Zeiten hat die Gesellschaft den Fehler gemacht, ihre Erlöser an das Kreuz zwischen Dieben zu nageln.

Das heißt, die Gesellschaft hat in dem Erlöser eine sehr gefährliche Eigenschaft erkannt - er hat etwas von einem Dieb an sich, und seine Karriere ist plötzlich beendet worden.

Wir haben Telefone und Trolly-Autos, aber wir sind noch nicht weit in das Reich des Geistes vorgedrungen, und unser Röntgenbild hat uns keinen Einblick in das Herz der Dinge gegeben.

Die Gesellschaft ist so dumpf und dicht, so wenig geistig sehend, so stumm und so tierisch, dass sie den Unterschied zwischen einem Dieb und dem eingeborenen Sohn nicht kennt. In dem verzweifelten Bemühen, ihre Hohlheit zu vergessen, greift sie zu Tischtennis, Parchesi und progressivem Abendmahl und versucht, sich selbst zu verlieren und Trost in Taschenspielertricks zu finden.

In grellen Schlagzeilen und präzisen fotografischen Reproduktionen wird von einer Konferenz berichtet, die von führenden Vertretern der Gesellschaft abgehalten wurde, um eine wichtige Frage zu klären. Ging es um den Bau von Fachschulen und die Bereitstellung von Mitteln für eine praktische und nützliche Ausbildung? Ging es um den Bau moderner Mietshäuser nach wissenschaftlichen und sanitären Gesichtspunkten? Ging es darum, Mittel für wissenschaftliche Forschungen verschiedener Art bereitzustellen, die das menschliche Wissen erweitern und der Menschheit zugute kommen würden? Nein, es war nichts von alledem. Dieses Gremium trat zusammen, um festzustellen, ob die Krümmung im Schwanz einer bestimmten Bulldogge natürlich war oder künstlich erzeugt wurde.

Wenn der Heiland heute käme und dasselbe Evangelium predigen würde, das er früher gelehrt hat, würde die Gesellschaft sehen, dass sich seine Erfahrung wiederholt. Ab und zu blinzelt sie dumm und schreit: "Weg mit ihm!", oder sie hält ihr Spiel lange genug auf, um Galle und Essig auf einen Spieß zu geben, den sie ins Jenseits gestoßen hat.

Für die Frau, die viel geliebt hat, hat die Gesellschaft nur ein Urteil: Kreuzige sie! Die Besten und die Schlechtesten werden an einem Baum aufgehängt.

In der Verlassenheit einer großen Liebe gibt es eine göttliche Qualität, die eine Frau sehr nahe an das Allerheiligste heranbringt, doch eine solche, die sich nicht an die Erlasse der Gesellschaft gehalten hat, wird kurzerhand hinausgestoßen, und die Gesellschaft wäscht ihre Hände in Unschuld, wie Pilatus.

Sich auf das Alter vorbereiten

Sokrates wurde einmal von einem Schüler diese Frage gestellt: "Was für Menschen werden wir sein, wenn wir das Elysium erreichen?"

Und die Antwort war diese: "Wir werden die gleichen Menschen sein, die wir hier waren."

Wenn es ein Leben nach diesem Leben gibt, bereiten wir uns jetzt darauf vor, so wie ich mich heute auf mein Leben morgen vorbereite.

Was für ein Mann werde ich morgen sein? Oh, ungefähr die gleiche Art von Mann, die ich jetzt bin. Was für ein Mann ich nächsten Monat sein werde, hängt davon ab, was für ein Mann ich diesen Monat gewesen bin.

Wenn ich heute unglücklich bin, liegt es nicht im Bereich der Wahrscheinlichkeiten, dass ich morgen überglücklich sein werde. Der Himmel ist eine Gewohnheit. Und wenn wir in den Himmel kommen, sollten wir uns besser daran gewöhnen.

Das Leben ist eine Vorbereitung auf die Zukunft; und die beste Vorbereitung auf die Zukunft ist, so zu leben, als gäbe es keine.

Wir bereiten uns die ganze Zeit auf das Alter vor. Die beiden Dinge, die das Alter schön machen, sind Resignation und eine gerechte Rücksichtnahme auf die Rechte der anderen.

In dem Stück Iwan der Schreckliche dreht sich das Interesse um einen Mann, den Zaren Iwan. Wenn jemand anderes als Richard Mansfield die Rolle spielen würde, wäre nichts dabei. Wir bekommen einfach einen Einblick in das Leben eines Tyrannen, der die ganze Bandbreite von Gaunerei, Griesgrämigkeit, Egoismus und Nörgelei durchlaufen hat. Übrigens hatte dieser Mann die Macht, andere Menschen zu töten, und das tat und tut er, wie es seine Laune und sein Temperament verlangen. Er war rachsüchtig, grausam, streitsüchtig, tyrannisch und schrecklich. Jetzt, wo er den Tod nahen sieht, möchte er seinen Frieden mit Gott machen. Aber er hat diese Angelegenheit zu lange aufgeschoben. In der Jugend und im mittleren Leben hat er nicht erkannt, dass er sich auf das Alter vorbereitet.

Der Mensch ist das Ergebnis von Ursache und Wirkung, und die Ursachen liegen bis zu einem gewissen Grad in unserer Hand. Das Leben ist eine Flüssigkeit, und man hat es den Strom des Lebens genannt - wir gehen, fließen irgendwo hin. Zieht Iwan sein Gewand und seine Krone aus, und er könnte ein alter Bauer sein und in Ebenezer leben. Jede Stadt und jedes Dorf hat seinen Iwan.

Um ein Iwan zu sein, muss man nur sein Temperament zügeln und Grausamkeiten an jeder Person oder Sache ausüben, die sich in seiner Reichweite befindet, und das Ergebnis wird eine sichere Vorbereitung auf ein mürrisches, streitsüchtiges, streitsüchtiges, schnippisches, pingeliges und törichtes Alter sein, das mit vielen Zornesausbrüchen akzentuiert wird, die schrecklich in ihrer Sinnlosigkeit und Unwirksamkeit sind.

Die Kindheit hat kein Monopol auf Wutanfälle. Die Figuren von König Lear und Iwan dem Schrecklichen haben viel gemeinsam. Man könnte fast glauben, dass der Autor von Iwan die Unvollständigkeit von Lear gespürt und die Absurdität eines melodramatischen Werbens um Sympathie für diesen alten Mann, der von seinen Töchtern verstoßen wurde, erkannt hat.

Lear, der Unruhestifter, Lear, dessen geschmeidige Zunge ständig unaussprechliche Worte und teerähnliche Namen von sich gab, verdient kein weiches Mitleid von unserer Seite. Sein ganzes Leben lang hatte er seine drei Töchter auf genau die Behandlung vorbereitet, die ihm zuteil werden sollte. Sein ganzes Leben lang hatte Lear die Rutsche geschmiert, die ihm einen

schnellen Ritt in den schwarzen Mitternachts-
sturm ermöglichen sollte.

"Oh, wie schärfer als ein Schlangenzahn ist es,
ein undankbares Kind zu haben", ruft er.

Es gibt etwas, das genauso schlimm ist wie ein
undankbares Kind, nämlich undankbare Eltern -
zornige, jähzornige Eltern, die über ein unter-
irdisches Vokabular verfügen und bereit sind, es
einzusetzen.

Der falsche Ton in Lear liegt darin, ihm eine
Tochter wie Cordelia zu geben. Tolstoi und
Mansfield klingen wahr, und Iwan der Schreckliche ist, was er ist, ohne Entschuldigung, Entschuldigung oder Erklärung. Nehmen Sie es oder
lassen Sie es - wenn Sie Stücke dieser Art nicht
mögen, gehen Sie ins Vaudeville.

Mansfields Iwan ist schrecklich. Der Zar ist
nicht alt an Jahren - nicht über siebzig - aber man
sieht, dass der Tod ihm dicht auf den Fersen ist.
Iwan hat die Kraft der Ruhe verloren. Er kann
nicht zuhören, abwägen und entscheiden - er hat
keinen Gedanken und keine Rücksicht auf irgendeinen Menschen oder eine Sache - das ist seine
Lebensgewohnheit. Seine knochigen Hände
stehen nie still, die Finger öffnen und schließen
sich und zupfen unaufhörlich an den Dingen. Er

fummelt an dem Kreuz auf seiner Brust herum, rückt seine Juwelen zurecht, kratzt an seinem Kosmos, spielt das Teufelstattoo, steht nervös auf und schaut hinter den Thron, hält den Atem an, um zu lauschen. Wenn die Leute ihn ansprechen, tadelt er sie heftig, wenn sie knien, und wenn sie aufrecht stehen, wirft er ihnen mangelnden Respekt vor. Er bittet darum, von den Pflichten des Staates entbunden zu werden, und zittert dann, weil er befürchtet, dass sein Volk ihn beim Wort nehmen wird. Als er darum gebeten wird, Herrscher von Russland zu bleiben, verflucht er seine Berater und beschuldigt sie, ihm Lasten aufzubürden, die sie selbst nicht zu tragen versuchen würden.

Er ist ein Opfer der amor senilis, und wenn Mansfield an dieser Stelle noch einen Schritt weitergehen würde, wäre sein Realismus erschreckend, aber er hält rechtzeitig an und deutet an, was er nicht auszudrücken wagt. Dieser torkelnde, tattrige, sabbernde, schniefende alte Mann ist verliebt - er steht kurz vor der Hochzeit mit einem jungen, schönen Mädchen. Er sucht Juwelen für sie aus, macht Bemerkungen über das, was zu ihrer Schönheit werden würde, spottet und lacht in gebrochenem Falsett. Die Lebhaftigkeit der Jugend hat etwas Angenehmes - sie ist natürlich -, aber die Laster eines alten Mannes, wenn sie nur noch geistig sind, sind am abstoßendsten.

Die Menschen um Iwan herum haben Todesangst vor ihm, denn er ist immer noch der absolute Monarch - er hat die Macht, sie zu befördern oder zu entehren, ihnen das Leben zu nehmen oder sie frei zu lassen. Sie lachen, wenn er lacht, weinen, wenn er weint, und beobachten seine flüchtigen Stimmungen mit klopfendem Herzen.

Er ist zutiefst religiös und trägt das Gewand und die Kutte eines Priesters. Um seinen Hals hängt ein Kruzifix. Er fürchtet, dass er sterben wird, ohne die Möglichkeit zur Beichte und zur Absolution zu haben. Jeden Augenblick betet er zum Himmel, küsst das Kreuz, und sein zahnloser alter Mund spricht im gleichen Atemzug Gebete zu Gott und Flüche über die Menschen aus.

Wenn jemand mit ihm spricht, schaut er in die andere Richtung, rutscht herunter, bis seine Schultern den Thron einnehmen, kratzt sich am Bein und gibt immer wieder einen beleidigenden Kommentar von sich: "Ja", "Oh", "Natürlich", "Sicher", "Igitt", "Hört ihn euch an!" Das alles hat eine komödiantische Seite, die die Tragödie auflockert und verhindert, dass das Stück eklig wird.

In seinen ruckartigen Geständnissen erhält man Einblicke in Iwans Vergangenheit - er ist der unglücklichste aller Menschen, und man sieht, dass er erntet, was er gesät hat.

Sein ganzes Leben lang hat er sich darauf vorbereitet. Jeder Tag war eine Vorbereitung auf den nächsten. Iwan stirbt in einem Zornesanfall, in dem er seine Familie und seinen Hof verflucht - er stirbt in einem Zornesanfall, zu dem er absichtlich von einem Mann angestachelt wurde, der weiß, dass der Ausbruch den geschwächten Monarchen mit Sicherheit töten wird.

Wohin geht Iwan der Schreckliche, wenn der Tod seine Augen schließt?

Ich weiß es nicht. Aber dies glaube ich: Kein Beichtstuhl kann ihm die Absolution erteilen, kein Priester kann ihm helfen, kein Gott kann ihm verzeihen. Er hat sich selbst verdammt, und er hat das Werk in der Jugend begonnen. Er hat sich sein ganzes Leben lang auf dieses Alter vorbereitet, und dieses Alter hat sich auf den fünften Akt vorbereitet.

Der Dramatiker sagt es nicht, Mansfield sagt es nicht, aber dies ist die Lektion: Hass ist ein Gift, Zorn ist ein Gift, Sinnlichkeit führt zum Tod, klammernder Egoismus entzündet die Feuer der Hölle. Es ist alles eine Vorbereitung - Ursache und Wirkung.

Wenn Sie jemals die Absolution erhalten wollen, müssen Sie sich selbst die Absolution erteilen, denn das kann kein anderer. Und je früher Sie damit beginnen, desto besser.

Wir hören oft von der Schönheit des Alters, aber das einzige Alter, das schön ist, ist das, auf das sich der Mensch lange vorbereitet hat, indem er ein schönes Leben geführt hat. Jeder von uns bereitet sich gerade jetzt auf das Alter vor.

Vielleicht gibt es irgendwo auf der Welt einen Ersatz für die gute Natur, aber ich weiß nicht, wo man ihn finden kann.

Das Geheimnis der Rettung ist dieses: Süß bleiben.

Eine Allianz mit der Natur

Mein Vater ist ein Arzt, der seit fünfundsechzig Jahren als Mediziner praktiziert und immer noch praktiziert.

Ich bin selbst Arzt.

Ich bin fünfzig Jahre alt, mein Vater ist fünfundachtzig. Wir wohnen im selben Haus und reiten täglich zusammen aus oder wandern durch die Felder und Wälder. Heute haben wir unseren kleinen Ausflug von fünf Meilen und zurück 'querfeldein' gemacht.

Ich war noch nie einen Tag krank, habe nie einen Arzt auf professionelle Weise konsultiert und habe tatsächlich noch nie eine Mahlzeit verpasst, weil ich nicht essen konnte. Was den Autor von A Message to Garcia betrifft, so vertritt er esoterisch die Idee, dass heißer Pedaluvia und kleine Dosen von Hopfentee die meisten Krankheiten heilen, die heilbar sind, und bis jetzt waren alle seine eigenen Krankheiten heilbar - was er auch beweisen kann.

Der Wert des Pedaluvia liegt in der Tatsache, dass es den Kreislauf ausgleicht, ganz zu schweigen von der kleinen Sache der Hygiene; und die Wirksamkeit des Hopfens liegt weitgehend in der Tatsache, dass sie bitter und unangenehm zu nehmen sind.

Beide Verordnungen vermitteln dem Patienten den beruhigenden Gedanken, dass etwas für ihn getan wird, und können ihm im schlimmsten Fall nicht ernsthaft schaden.

Mein Vater und ich sind uns nicht in allen Fragen des Lebens einig, so dass sich das Leben für uns nie in einem tristen, neutralen Grau auflöst. Er ist Baptist und ich bin Vegetarier. Gelegentlich bezeichnet er mich als "unreif", und wir greifen täglich auf die Logik zurück, um Vorurteile zu beweisen, und die Geschichte wird durchforstet, um die Vorurteile zu untermauern, aber in den folgenden wichtigen Punkten stehen wir zusammen, fest wie ein Mann:

Erstens. Neunundneunzig von hundert Menschen, die einen Arzt aufsuchen, haben keine organische Krankheit, sondern leiden lediglich an einem Symptom ihrer eigenen Unvernunft.

Zweitens. Menschen mit Krankheiten leiden in neun von zehn Fällen nur unter den akkumulierten negativen Auswirkungen von Medikamenten.

Drittens. Daraus ergibt sich der Satz: Die meisten Krankheiten sind das Ergebnis von Medikamenten, die verschrieben wurden, um ein wohltuendes und warnendes Symptom seitens der weisen Natur zu lindern und zu beseitigen.

Die meiste Arbeit der Ärzte bestand in der Vergangenheit in der Verschreibung von Medikamenten gegen Symptome, wobei der Unterschied zwischen einer tatsächlichen Krankheit und einem Symptom dem Durchschnittsmenschen noch nicht einmal bekannt ist.

Und das Kuriose daran ist, dass sich in diesen Punkten alle Ärzte untereinander völlig einig sind. Was ich hier sage, ist lediglich eine Binsenweisheit, eine Plattitüde und ein Gemeinplatz.

Letzte Woche sagte ein angesehener Chirurg in Buffalo: "Ich habe über tausend Laparotomie-Operationen durchgeführt, und meine Aufzeichnungen zeigen, dass in jedem Fall, außer bei Unfällen, das Individuum der so genannten 'Beecham-Gewohnheit' folgte."

Die Menschen, die man in den Foyers der Arztpraxen warten sieht, leiden in den allermeisten Fällen an einer Vergiftung, die durch ein Übermaß an Nahrung verursacht wurde. Dazu kommen die schlechten Folgen von unvollkommener Atmung, unregelmäßigem Schlaf, Bewegungsmangel und unsachgemäßem Gebrauch von Stimulanzien oder das Festhalten an Gedanken der Angst, Eifersucht und des Hasses. All diese Dinge, oder eines davon, verursachen bei sehr vielen Menschen Fieber, Schüttelfrost, kalte Füße, Stauungen und eine fehlerhafte Ausscheidung.

Einem Mann, der an Unterernährung leidet, die durch den Wunsch nach "Rache" und den Mangel an frischer Luft verursacht wird, Medikamente zu verabreichen, bedeutet lediglich, seine Probleme zu verschlimmern, seine Krankheiten zu verschlimmern und ihn reif für den Ätherkegel und das Skalpell zu machen.

Die Natur ist immer bestrebt, den Menschen gesund zu erhalten, und die meisten so genannten "Krankheiten", die lediglich einen Mangel an Leichtigkeit bedeuten, sind selbstlimitierend und heilen von selbst. Wenn Sie Appetit haben, essen Sie nicht zu viel. Wenn Sie keinen Appetit haben, essen Sie gar nicht. Seien Sie maßvoll im Umgang mit allen Dingen, außer frischer Luft und Sonnenschein.

Das einzige Thema des Predigers ist Mäßigung. Buddha schrieb nieder, dass das größte Wort in jeder Sprache Gleichmut ist. William Morris sagte, der schönste Segen des Lebens sei systematische, nützliche Arbeit. Der heilige

Paulus erklärte, das Größte auf der Welt sei die Liebe. Mäßigung, Gleichmut, Arbeit und Liebe - ihr braucht keinen anderen Arzt.

Damit lege ich einen Satz fest, dem alle Ärzte zustimmen, der von Hippokrates, dem Vater der Medizin, geäußert und dann von Epiktet, dem Sklaven, an seinen Schüler, den großen römischen Kaiser Marcus Aurelius, in besserer Formulierung wiederholt wurde und der seither jedem denkenden Mann und jeder denkenden Frau bekannt ist: Mäßigung, Gleichmut, Arbeit und Liebe!

Die Ex. Frage

Manchmal werden Wörter verdorben, geraten in schlechten Ruf und werden weggeworfen. Bis zu den Tagen von Elizabeth Fry stand in den offiziellen Aufzeichnungen in England das Wort "Irrenhaus". Dann wurde es gestrichen und durch das Wort "Asyl" ersetzt. Innerhalb von zwanzig Jahren haben wir in mehreren amerikanischen Bundesstaaten das Wort "asylum" verworfen und durch das Wort "hospital" ersetzt.

In Jeffersonville, Indiana, gibt es eine "Besserungsanstalt", die vor einigen Jahren als Zuchthaus bekannt war. Das Wort "Gefängnis" hatte eine deprimierende Wirkung, und "Zuchthaus" wirft einen theologischen Schatten, und so werden die Worte verschwinden müssen. Wenn sich unsere Vorstellungen vom Verbrecher ändern, ändern wir auch unser Vokabular.

Vor einigen Jahren sprachen wir über Asyle für Taubstumme - das Wort "stumm" wurde inzwischen aus jedem offiziellen Dokument in jedem Staat der Union gestrichen, weil wir mit Hilfe von Gardner G. Hubbard herausgefunden haben, dass Gehörlose nicht stumm sind und als nicht defekte Menschen sicherlich kein Asyl brauchen. Sie brauchen jedoch Schulen, und deshalb haben wir überall Schulen für Gehörlose eingerichtet.

Gehörlose Menschen sind genauso fähig, genauso kompetent, genauso gut in der Lage, einen ehrlichen Lebensunterhalt zu verdienen, wie der durchschnittliche hörende Mensch.

Die "unbestimmte Strafe" ist eines der klügsten Mittel, die jemals in der Strafrechtspflege zum Einsatz kamen. Und dieser Generation allein gebührt die Ehre, sie als erste anzuwenden. Der Straftäter wird zu einer Strafe von, sagen wir, einem bis acht Jahren verurteilt. Das bedeutet, dass der Gefangene, wenn er sich benimmt, die Regeln befolgt und den Wunsch zeigt, sich nützlich zu machen, nach einem Jahr auf Bewährung entlassen wird und seine Freiheit erhält.

Wenn er sich nicht benimmt und seine Eignung für die Freiheit nicht beweist, wird er zwei oder drei Jahre festgehalten, und es kann sein, dass er die gesamten acht Jahre absitzen muss. "Wie lange sitzt du ein?" fragte ich einen Sträfling in Jeffersonville, der sich um die Blumen vor den Mauern kümmerte. "Ich? Oh, ich sitze zwei Jahre, mit dem Privileg von vierzehn Jahren", antwortete der Mann mit einem Grinsen.

Der alte Plan der "kurzen Zeit", der bei guter Führung zwei oder drei Monate pro Jahr vorsah, war ein Schritt in die richtige Richtung, aber die unbestimmte Strafe wird bald überall für Ersttäter die Regel sein.

Die unbestimmte Haftstrafe überträgt dem Gefangenen selbst die Verantwortung für die Dauer seiner Inhaftierung und nimmt dem Gefängnisleben seinen Schrecken, indem sie ihm Hoffnung gibt. Der Mann hat die kurze Zeit ständig vor Augen und ist in der Regel sehr darauf bedacht, nichts zu tun, was diese Zeit gefährden könnte. Ein Aufstand oder ein Fluchtversuch kann bedeuten, dass jeder Tag der langen Haftstrafe verbüßt werden muss.

So erkennen selbst die stumpfsinnigsten und abgestumpftesten Menschen, dass es sich lohnt, das Richtige zu tun - eine Lektion, die ihnen auf eine Weise eingebläut wird, wie es nie zuvor der Fall war.

Das alte Vorurteil der Geschäftsleute gegen den Mann, der "gesessen" hatte, war vor allem auf seine Unfähigkeit und nicht auf seine Vorstrafen zurückzuführen. Die Gefängnismethoden, die einen hasserfüllten, deprimierten und verängstigten Mann hervorbrachten, der durch das stille System unterdrückt und durch den Lockstep deformiert worden war, der durch brutale Behandlung und den ständigen Gedanken, dass er ein Verbrecher war, abgestumpft war, waren eine schlechte Sache für den Gefangenen, für den Wärter und für die Gesellschaft. Selbst ein aufrechter Mann würde durch eine solche Behandlung geschädigt und innerhalb eines Jahres in einen verschlagenen, verschlossenen und moralisch kranken Menschen verwandelt werden. Die Männer, die gerade aus dem Gefängnis kamen, waren nicht in der Lage, irgendetwas zu tun - sie brauchten ständige Aufsicht und Aufmerksamkeit, und deshalb wollten wir sie natürlich nicht einstellen.

Der Ex. ist heute ein völlig anderer Mensch als der Ex., der in den siebziger Jahren gerade aus seinem gestreiften Anzug herauskam, dank dieses viel geschmähten Mannes, Brockway, und einiger anderer.

Wir müssen die Menschen vielleicht zu ihrem eigenen Wohl und zum Wohl der Gesellschaft zurückhalten, aber wir bestrafen sie nicht. Die Zurückhaltung ist Strafe genug; wir glauben, dass die Menschen durch ihre Sünden bestraft werden, nicht für sie.

Wenn Männer heute in Erziehungsanstalten geschickt werden, ist das Bestreben und die Hoffnung, dass sie der Gesellschaft einen besseren Menschen zurückgeben, als wir sie aufgenommen haben.

Richter Lindsey schickt die Jungen in die Besserungsanstalt, ohne dass ein Beamter oder Wächter anwesend ist. Die Jungen gehen aus eigenem Antrieb und tragen ihre eigenen Einweisungspapiere bei sich. Sie klopfen an das Tor und fordern im Namen des Gesetzes Einlass. Der Junge glaubt, dass Richter Lindsey sein Freund ist und dass der Grund, warum er in die Besserungsanstalt geschickt wird, darin besteht, dass er eine Besserung erfährt, die ihm seine volle Freiheit unmöglich bieten kann. Als er seine Verpflichtungspapiere entgegennimmt, befindet er sich nicht mehr im Krieg mit der Gesellschaft und den Ordnungshütern. Er glaubt, dass das, was für ihn getan wird, zu seinem Besten ist, und so geht er ins Gefängnis, das in Wirklichkeit gar kein Gefängnis ist, denn es ist eine Schule, in der der Junge lernt, Zeit und Geld zu sparen und sich nützlich zu machen.

Andere Menschen arbeiten für uns, und wir müssen für sie arbeiten. Dies ist die wichtigste

Lektion, die der Junge lernt. Man kann sich nur selbst helfen, indem man anderen hilft.

Ich möchte Ihnen einen Vorschlag machen: Wenn ein Junge oder ein Mann seine Verpflichtungserklärung abgibt und allein und unbeaufsichtigt ins Gefängnis geht, ist es dann notwendig, dass er dort eingesperrt wird, in einen Korral eingeschlossen und von Wächtern bewacht wird, die mit todbringenden Werkzeugen bewaffnet sind?

Superintendent Whittaker von der Anstalt in Jeffersonville, Indiana, sagt: "Nein". Er glaubt, dass wir in zehn Jahren die hohen Mauern abschaffen und unsere geladenen Gewehre außer Sichtweite halten werden; wir werden auch die Gitterstäbe aus den Fenstern der Gefängnisse entfernen, so wie wir sie aus den Fenstern der Krankenhäuser für Geisteskranke entfernt haben.

In der Reformschule wird es vielleicht noch einige Jahre lang ein Wachhaus geben müssen, aber die hohe Mauer muss verschwinden, so wie wir die Trittleiter und das stille System und den gestreiften Anzug der Schande in den Fetzen der Zeit geschickt haben - verloren in der Erinnerung an Dinge, die waren.

Vier von fünf Männern in der Besserungsanstalt in Jeffersonville brauchen keinen Zwang,
sie würden nicht weglaufen, wenn man die
Mauern niederreißen und die Türen unver-
schlossen lassen würde. Ein junger Mann, den ich
dort sah, lehnte die angebotene Bewährung ab - er
wollte bleiben, bis er seinen Beruf gelernt hatte. Er
war nicht der einzige mit einer solchen Einstellung.

Die Qualität der Männer in den durchschnittlichen Gefängnissen entspricht in etwa der
Qualität der Männer, die in der Armee der Vereinigten Staaten dienen. Der Mann, der sich
meldet, ist ein Gefangener; für ihn ist es ein sehr
schweres Vergehen, wegzulaufen, und dennoch
wird er nachts nicht eingesperrt und ist auch nicht
von einer hohen Mauer umgeben.

Die George Junior Republic ist einfach ein
Bauernhof, nicht umzäunt und nicht bewacht,
außer von den Jungen, die in der Republic sind,
und doch ist es eine Strafanstalt. Das Gefängnis
der Zukunft wird einem Internat für junge Damen
nicht unähnlich sein, in dem auch heute noch die
Praxis vorherrscht, die Insassen gemeinsam mit
einer Wache nach draußen zu führen und
niemanden ohne schriftliche Erlaubnis gehen zu
lassen.

So wie sich die Gesellschaft verändert, so verändert sich auch der sogenannte Verbrecher. Auf jeden Fall weiß ich, dass Max Nordau seinen Fall nicht zu Ende geführt hat.

Es gibt keine Strafklasse.

Oder wir sind alle Verbrecher. "Ich habe in mir die Fähigkeit für jedes Verbrechen", sagte Emerson.

Der Mann oder die Frau, die auf die schiefe Bahn gerät, ist ein Opfer der unfreundlichen Umwelt. Booker Washington sagt, wenn der Neger etwas hat, das wir wollen, oder eine Aufgabe erfüllen kann, die wir wollen, dann lassen wir die Rassengrenze außer Acht, und das Rassenproblem hört auf, ein Problem zu sein. So ist es auch mit der Ex. Frage. Wenn der Ex-Sträfling zeigen kann, dass er der Welt nützlich ist, wird die Welt aufhören, ihn zu meiden. Wenn Superintendent Whittaker einen Mann graduiert, ist das ein ziemlich guter Beweis dafür, dass der Mann fähig und willens ist, der Gesellschaft einen Dienst zu erweisen.

Die einzigen Orte, an denen die Ex-Sträflinge den eisigen Handschuh bekommen, sind rosa Tees und Gebetstreffen. Ein Ex-Sträfling sollte den ganzen Tag arbeiten und dann seine Abende in der

Bibliothek verbringen, um seinen Geist zu füttern - dann ist er sicher.

Wenn ich ein ehemaliger Sträfling wäre, würde ich mich vor allen "Refugien", "Sheltering Arms", "Saint Andrew's Societies" und den philanthropischen "College Settlements" hüten. Ich würde niemals zu diesen guten, professionellen Leuten gehen, die die Armen bevormunden und auf die vermeintlichen Übeltäter spucken, und die scharfe Grenzen ziehen, um zwischen den "Guten" und den "Bösen" zu unterscheiden. Wenn du arbeiten kannst und arbeitswillig bist, werden die Geschäftsleute keine Grenzen ziehen. Besorgen Sie sich einen Job und halten Sie ihn fest, indem Sie sich selbst notwendig machen. Die Arbeitgeber und die ehemaligen Strafgefangenen selbst sind dabei, dieses Ex zu erledigen. Die Arbeitgeber und die ehemaligen Sträflinge selbst sind dabei, diese Frage zu klären, und zwar mit Hilfe der fortschrittlichen Reformschulen, in denen die Häftlinge lernen, sich nützlich zu machen, und weder bestraft noch bevormundet werden, sondern einfach eine Chance erhalten. Ich habe Mitleid mit dem Mann, der einem armen Teufel eine Chance gibt. Ich selbst bin ein armer Teufel!

Der Feldwebel

Ein Oberst in der Armee der Vereinigten Staaten sagte mir neulich etwas in dieser Art: Der wertvollste Offizier, derjenige, der die größte Verantwortung trägt, ist der Feldwebel. Der wahre Sergeant wird geboren, nicht gemacht - er ist das unbezahlbare Geschenk der Götter. Er wird so hoch geschätzt, dass er, wenn er gefunden wird, niemals befördert wird und auch nicht kündigen darf. Wenn er mit seinem Sold unzufrieden ist, springen Hauptmann, Leutnant und Oberst ein - sie können es sich nicht leisten, ihn zu verlieren. Er ist ein rara avis - ihr Augapfel.

Seine erste Bedingung ist, dass er in der Lage sein muss, jeden Mann in der Kompanie zu lecken. Ein betrunkener Gefreiter kann einen Hauptmann mit dem Kopf nach unten und mit der falschen Seite nach oben verdammen, und der Hauptmann darf darauf nicht antworten. Er darf weder mit der Faust zuschlagen noch fluchen, aber Ihr fähiger Unteroffizier ist in beiden höflichen Fertigkeiten versiert. Selbst wenn ein Gefreiter einen Offizier schlägt, darf der Offizier nicht zurückschlagen. Vielleicht könnte der Mann, der ihn beschimpft, ihn in einem handfesten Kampf leicht besiegen, und dann ist das ein ausreichender Grund, seine

Kleidung sauber zu halten. Wir sagen, der Revolver macht alle Menschen gleich, aber das stimmt nicht. Es ist unangenehm, einen Mann zu erschießen. Es verstreut Gehirn und Blut über den Bürgersteig, zieht eine Menschenmenge an, erfordert hinterher eine Menge Erklärungen und kann einen Beamten seine Streifen kosten. Kein guter Offizier hört jemals, dass ein Gefreiter etwas über ihn sagt.

Der Sergeant hört alles, und seine Antwort auf eine Nachlässigkeit ist ein Schlag mit dem geraden Arm auf den Kiefer. Der Feldwebel ist nur seinem Hauptmann verantwortlich, und kein guter Hauptmann wird jemals etwas darüber wissen, was ein Feldwebel tut, und er wird es nicht glauben, wenn man es ihm erzählt. Kommt es zu einer Schlägerei zwischen zwei Gefreiten, springt der Sergeant ein, stößt ihre Köpfe zusammen und leckt sie beide ab. Wenn ein Mann vorgibt, krank zu sein, oder betrunken ist, wirft ihn der Sergeant unter die Pumpe. Die Vorschriften sehen eine solche Behandlung nicht vor, aber der Feldwebel weiß nichts von den Vorschriften - er führt die Sache einfach aus. Der Sergeant kann zwanzig oder sechzig Jahre alt sein - das Alter spielt keine Rolle. Der Sergeant ist ein Vater für seine Männer - er sieht sie alle als Kinder an - böse

Buben - und seine Aufgabe ist es, sie zu tapferen, ehrenhaften und pflichtbewussten Soldaten zu machen.

Der Sergeant ist morgens immer der erste Mann, der aufsteht, und abends der letzte, der ins Bett geht. Er weiß zu jeder Minute des Tages und der Nacht, wo seine Männer sind. Wenn sie tatsächlich krank sind, ist er Krankenpfleger und Arzt zugleich und diktiert dem Chirurgen, was zu tun ist. Er ist auch der Leichenbestatter, und das Ausheben von Gräben und Anlegen von Latrinen fällt in seinen Aufgabenbereich. Im Gegensatz zu den höheren Offizieren muss er sich nicht "schick" kleiden, und er ist sehr geneigt, seine Uniform abzulegen und sich wie ein ziviler Fuhrmann zu kleiden, außer bei besonderen Anlässen, wenn die Notwendigkeit Tressen und Knöpfe verlangt.

Er weiß alles und doch nichts. Keine wilde Eskapade eines höheren Offiziers geht an ihm vorbei, und doch erzählt er sie nie.

Nun könnte man annehmen, dass er ein absoluter Tyrann ist, aber ein guter Feldwebel ist zur rechten Zeit ein wohltätiger Tyrann. Er kann den Geist seiner Männer nicht brechen - das würde sie für den Dienst untauglich machen -, also versucht er lediglich, ihren Geist so zu beugen, dass er mit seinem eigenen übereinstimmt. Allmählich beginnen sie, ihn zu lieben und gleichzeitig zu fürchten. In der Zeit des Kampfes verwandelt er Feiglinge in Helden. Er hält seine Männer bei der Stange. In der Schlacht gibt es oft bestimmte Offiziere, die für den Tod bestimmt sind - sie werden von ihren eigenen Männern erschossen. Es ist eine Zeit der Rache - und in der Hektik und Aufregung gibt es keine Zeugen. Der Feldwebel ist stets auf der Hut vor solchen Meutereien, und sein Revolver schickt den obersten Revolutionär oft in den Staub, bevor der heimtückische Plan ausgeführt werden kann. In Kriegszeiten sind nicht alle Hinrichtungen gerichtlich.

In Wahrheit ist der Unteroffizier der einzige echte, kampferprobte Mann in der Armee. Er ist so selten wie die Zähne eines Vogels, und jeder Offizier sucht seine Rekruten ängstlich nach guten Feldwebeln ab.

Im Geschäftsleben ist ein Mann mit dem Instinkt eines Feldwebels noch wertvoller als in der Armee. Der Geschäftsfeldwebel ist der Mann, der nicht in Erscheinung tritt - der nicht nach Komplimenten oder Blumensträußen fragt - der weiß, wo die Dinge liegen - der keine äußeren Ambitionen hat und keinen anderen Wunsch, als seine Arbeit zu erledigen. Wenn er zu schlau ist,

166

wird er Intrigen und Pläne für seine eigene Beförderung schmieden, und dabei ist er ziemlich sicher, sich selbst zu besiegen.

Als Individuum ist der durchschnittliche Soldat ein Schleicher, ein Drückeberger, ein Versager, ein Feigling. Er ist nur dann wertvoll, wenn er in Form geleckt wird. In der Wirtschaft ist es ziemlich ähnlich. Es scheint schwer zu sein, es zu sagen, aber der durchschnittliche Angestellte in der Fabrik, im Laden oder im Geschäft schaut beschämt auf die Uhr; er denkt an seine Lohntüte, und seine Absicht ist es, den Chef bei der Stange zu halten und so wenig Arbeit wie möglich zu leisten. In vielen Fällen ist die Tyrannei des Arbeitgebers schuld an diesem Zustand, aber häufiger ist es der angeborene Verdacht, der den Verkäufer dazu veranlasst, nicht mehr zu geben als er kann.

Und hier kommt der Unteroffizier ins Spiel, der mit wachsamem Auge und unermüdlichen Nerven die Recreants zu ihren Aufgaben anhält. Wenn er zu streng ist, wird er in den Drückebergern die Mikrobe der Drückebergerei fester verankern; wenn er aber von besserer Natur ist, kann er denen, denen es daran mangelt, ein wenig mehr Willen einflößen und allmählich eine Atmosphäre rechter Absichten schaffen, so dass die einzige

Schande darin besteht, dass sie das Gesicht vom Regler abnehmen und ein Ohr spitz halten, um die kommenden Schritte des Chefs zu hören.

Es besteht nicht die geringste Gefahr, dass es jemals einen Überschuss an Wachtmeistern geben wird. Lassen Sie den Sergeant sich aus Streiks, Verschwörungen und Fehden heraushalten, sein Temperament zügeln und zeigen, was Sache ist, und er kann sein Gehalt selbst bestimmen und seinen Platz neunundneunzig Jahre lang behalten, ohne einen Vertrag zu haben.

Der Geist des Zeitalters

Vierhundertfünfundzwanzig Jahre vor der Geburt des Nazareners sagte Sokrates: "Die Götter sind auf dem Olymp, aber du und ich sind hier." Und dafür - und für einige andere ähnliche Beobachtungen - war er gezwungen, einen Ersatz für Kaffee zu trinken - er war ein Ungläubiger! In den letzten dreißig Jahren haben die Kirchen der Christenheit im Wesentlichen die sokratische These übernommen, dass du und ich hier sind. Das heißt, wir haben Fortschritte gemacht, indem wir uns von der engen Theologie gelöst und die Menschlichkeit anerkannt haben. Wir wissen weder etwas über den Olymp noch über Elysium, aber wir wissen etwas über Athen.

Athen ist hier.

Athen braucht uns - die Griechen stehen vor der Tür. Lasst die Götter Elysium regieren, und wir werden uns Athen widmen.

Dies ist der vorherrschende Geist in den Kirchen Amerikas heute. Unsere Religion ist humanitär, nicht theologisch.

Eine ähnliche Entwicklung hat sich in der Medizin vollzogen. Die Materia Medica von vor fünfundzwanzig Jahren ist heute veraltet. Kein guter Arzt behandelt mehr Symptome - er gibt Ihnen weder etwas gegen Ihre Kopfschmerzen noch etwas, das Ihren Magen beruhigt. Das sind nur rechtzeitige Ting-a-lings - die Warnungen der Natur - pass auf! Und der Arzt sagt Ihnen das und berechnet Ihnen ein Honorar, das ausreicht, um Sie davon zu überzeugen, dass er kein Dummkopf ist, sondern Sie selbst.

Der Anwalt, der jetzt die höchsten Honorare erhält, wird nie in einem Gerichtssaal gesehen. Rechtsstreitigkeiten werden heute größtenteils in Form von Schadensersatzklagen geführt - von Klienten, die etwas umsonst haben wollen, und von kleinen Anwälten, die haifischartig und hungrig sind und auf Erfolgshonorarbasis arbeiten. Drei Viertel der Zeit aller Ober- und Höchstgerichte wird von Seiner Effluvia in Anspruch genommen, die durch Seine Bakterien mit Seinem Krebsschiff als Hauptzeugen Klage auf Schadenersatz erhebt, der weder rechtlich noch tatsächlich zusteht.

Wie man diese Last loswerden kann, die uns von Männern aufgebürdet wird, die nichts zu verlieren haben, ist eine zu große Frage für den durchschnittlichen Gesetzgeber. Sie kann nur durch heldenhafte Maßnahmen gelöst werden, die von Juristen durchgeführt werden, die aus der

Politik kommen und denen billige Popularität völlig gleichgültig ist. Hier bietet sich eine Gelegenheit für Männer mit Mut und Können. Aber der Punkt ist folgender: Kluge Geschäftsleute halten sich vom Gericht fern. Sie schlichten ihre Differenzen und schließen Kompromisse - sie können es sich nicht leisten, ihre Arbeit aufzugeben, um sich zu rächen. Was das Geldverdienen betrifft, so wissen sie einen besseren Weg.

In der Theologie verzichten wir auf Unterscheidungen und widmen uns dem göttlichen Geist nur noch so, wie er sich im Menschen manifestiert - wir sprechen immer weniger von einer anderen Welt und nehmen mehr Notiz von der, die wir bewohnen. Natürlich gibt es gelegentlich Ketzerprozesse, und Bilder vom Täter und dem dicken Bischof zieren die erste Seite, aber Ketzerprozesse ohne Schafott und Faggot sind harmlos und äußerst zahm.

In der Medizin haben wir mehr Vertrauen in uns selbst und weniger in Rezepte.

In der Pädagogik unterrichten wir mehr und mehr nach der natürlichen Methode - Lernen durch Handeln - und immer weniger durch Anweisung und Vorschrift.

In der Pönologie geht es um Erziehung und Reform, nicht um Unterdrückung, Repression und Bestrafung.

Das heißt, die Götter sind auf dem hohen Olymp - sollen sie doch dort bleiben. Athen ist hier.

Der Grammatiker

Schreiben lernt man am besten durch Schreiben.

Herbert Spencer hat nie Grammatik studiert, bevor er nicht schreiben gelernt hatte. Er nahm seine Grammatik im Alter von sechzig Jahren, was ein gutes Alter ist, um mit diesem höchst interessanten Studium zu beginnen, denn wenn man dieses Alter erreicht hat, hat man seine Fähigkeit zu sündigen weitgehend verloren.

Männer, die besonders gut schwimmen können, sind nicht diejenigen, die Kurse in der Theorie des Schwimmens in Schwimmbädern von Professoren der Amphibienkunst besucht haben - sie waren einfach nur Jungs, die in das alte Schwimmloch gesprungen sind und mit verkehrt herum getragenen Hemden und verräterischer Feuchtigkeit im Haar nach Hause kamen.

Korrespondenzschulen für die Zähmung von Bronchos sind nichts wert, und Abhandlungen über die sanfte Kunst des Umwerbens sind nutzlos - folge der Natur.

Die Grammatik ist das Anhängsel der pädagogischen Wissenschaft: Sie ist so nutzlos wie der Buchstabe q im Alphabet oder die sprichwörtlichen zwei Schwänze einer Katze, die keine

Katze je hatte, und die schönste Katze der Welt, die Manx-Katze, hat überhaupt keinen Schwanz.

"Der literarische Stil der meisten Universitätsangehörigen ist banal, wenn nicht gar schlecht", schrieb Herbert Spencer in seinem hohen Alter.

"Gebildete Engländer schreiben alle gleich", sagte Taine. Das heißt, dass gebildete Männer, die nach bestimmten festen und unveränderlichen Regeln der Rhetorik und Grammatik zum Schreiben gedrillt worden sind, ähnliche Kompositionen verfassen. Sie haben keinen literarischen Stil, denn Stil ist Individualität und Charakter - der Stil ist der Mensch, und die Grammatik neigt dazu, die Individualität auszulöschen. Kein Studium ist so lästig für alle, außer für die Gelehrten, die es lehren, wie die Grammatik. Sie bleibt für immer ein schlechter Beigeschmack im Mund eines Mannes der Ideen und hat unzählige kluge Köpfe von dem Wunsch, sich durch das geschriebene Wort auszudrücken, entwöhnt.

Die Grammatik ist die Etikette der Worte, und der Mann, der nicht weiß, wie er seine Großmutter auf der Straße richtig grüßen soll, bevor er nicht ein Buch zu Rate gezogen hat, ist immer so besorgt über die Zeitformen, dass seine Fantasien die Sprache durchbrechen und entkommen.

Der Grammatiker ist jemand, dessen ganzer Gedanke darin besteht, Wörter nach einer bestimmten Formel aneinanderzureihen. Der eigentliche Inhalt, den er vermitteln will, ist von untergeordneter Bedeutung. Redner, die sich Gedanken über die richtige Art und Weise machen, wie sie in Kurven gestikulieren, beeindrucken niemanden.

Wäre es eine Sünde gegen den Anstand oder ein Versuch, den Verstand des Volkes zu vergiften, wenn jemand ungrammatisch wäre, wäre es vielleicht klug, Männer einzustellen, die den Brunnen des Englischen vor Verunreinigung schützen. Aber eine stehende Sprache ist eine tote Sprache - nur bewegtes Wasser ist rein - und ein Brunnen, der nicht von Quellen gespeist wird, ist sicher eine Brutstätte für Krankheiten.

Lasst die Menschen sich auf ihre Weise ausdrücken, und wenn sie sich schlecht ausdrücken, seht ihr, dann wird ihre Strafe darin bestehen, dass niemand ihre literarischen Ergüsse lesen wird. Das Vergessen mit seiner Kuscheldecke lauert auf den Schriftsteller, der nichts zu sagen hat und es fehlerfrei sagt.

Bei der Zubereitung von Hasensuppe, so erfahre ich von einer ausgezeichneten kulinarischen Autorität, ist die erste Voraussetzung, dass man den Hasen fängt. Der literarische Geizhals, der einer hungrigen Welt etwas zu bieten hat, wird zweifellos einen Weg finden, ihn zu frikassieren.

Die beste Religion

Eine Religion, in der es nur darum geht, freundlich zu sein, wäre eine ziemlich gute Religion, meinen Sie nicht auch?

Aber eine Religion der Freundlichkeit und des nützlichen Bemühens ist eine nahezu perfekte Religion.

Früher dachten wir, dass der Glaube eines Menschen an ein Dogma seinen Platz in der Ewigkeit bestimmen würde. Das lag daran, dass wir glaubten, Gott sei ein mürrischer, griesgrämiger alter Herr, dumm, empfindlich und diktatorisch. Ein wirklich guter Mensch würde dich nicht verdammen, auch wenn du ihn nicht magst, aber ein schlechter Mensch schon.

In dem Maße, wie sich unsere Vorstellungen von Gott änderten, veränderten wir uns selbst zum Besseren. Oder wir dachten besser über uns selbst und dachten besser über Gott. Es wird der Charakter sein, der unseren Platz in einer anderen Welt bestimmt, wenn es eine gibt, so wie es unser Charakter ist, der unseren Platz hier bestimmt.

Wir weben jeden Tag unseren Charakter, und die beste Art, ihn zu weben, ist, freundlich und nützlich zu sein.

RICHTIG DENKEN, RICHTIG HANDELN; ES IST DAS, WAS WIR DENKEN UND TUN, WAS UNS AUS-MACHT.

Damit endet LIEBE, LEBEN UND ARBEIT, ein Buch mit Essays, die aus den Schriften von ELBERT HUBBARD ausgewählt und ursprünglich in Englisch von The Roycrofters in ihrem Geschäft in East Aurora, Erie County, New York, U.S.A., gedruckt wurden.